WOHER HAT UNSER LAND DENN SEINEN NAMEN?

WOHER HAT UNSER LAND DENN SEINEN NAMEN?

EINE NRW-GESCHICHTE FÜR KINDER

Dorothee Haentjes-Holländer (Text)

Silke Schmidt (Illustration)

GREVEN VERLAG KÖLN

Unsere Familie

URGROBONKEL Herbert †

URGROBTANTE Cilly * 1924

UROPA Hans * 1925

UROMA Kitty * 1926

GROBONKEL Konrad * 1947

OPA Api * 1947

OMA Traudel * 1948

Max' Papa

TANTE Petra * 1969

PAPA Frank * 1976

MAMA Vera * 1977

COUSIN Max * 1996

Nora * 2006

Robin * 2006

Willy

Inhalt

Vorwort

In diesem Jahr feiern wir den 70. Geburtstag Nordrhein-Westfalens. Wie war das eigentlich damals, vor 70 Jahren, wie lebten die Menschen und was war für sie wichtig? Was ist aus dem damals ganz neuen Land mit dem Namen »Nordrhein-Westfalen« geworden, was waren seither die wichtigsten politischen, wirtschaftlichen und gesellschaftlichen Entwicklungen? Was hat sich verändert, was ist geblieben?

Die Antworten in diesem Buch richten sich in erster Linie an Kinder, aber doch nicht nur an sie. Ich jedenfalls konnte nicht aufhören, darin zu lesen. Vieles erinnerte mich an meine eigene Kindheit im Ruhrgebiet. Dieses Buch ist keine trockene Faktensammlung. Es erzählt Geschichte in Geschichten: Vier Generationen treffen sich zu einem Familienfest und kommen ins Plaudern. Die Älteren erzählen zum Beispiel, wie sie die ersten Jahrzehnte NRW erlebt haben: Von der Trümmerlandschaft, die der Krieg aus ihrer Heimat gemacht hatte, vom Wiederaufbau, Wirtschaftswunder und von oft bescheidenem Wohlstand, von Wirtschaftskrisen und Strukturwandel. Wir erfahren, wie die Menschen damals lebten und was ihnen wichtig war. Und plötzlich sind wir mitten in der Gegenwart angelangt, bei der Ankunft der Kriegs-flüchtlinge aus dem Nahen Osten bei uns in Nordrhein-Westfalen.

Geschichte ist langweilig? Ganz im Gegenteil! Das Buch zeigt, dass Geschichte jeden Tag passiert, und zwar nicht weit weg oder im Fernsehen, sondern bei uns. Wir lernen, dass wir alle Geschichte machen, dass wir immer Teil von dem sind, was später in den Geschichtsbüchern stehen wird. Dieses besondere Geschichtsbuch ist eine spannende Geschichte für Nora und Robin, die beiden Urenkel, und natürlich für uns, seine Leserinnen und Leser. Wir erfahren, wie es damals war, vor 70 Jahren, und wie es vor 50 oder vor 10 Jahren war. Doch wie ist es denn nun, unser Land Nordrhein-Westfalen? Ist es alt oder jung oder beides zugleich? Was macht es so besonders? Auch auf diese Fragen gibt dieses Buch eine Antwort.

Hannelore Kraft
Ministerpräsidentin in NRW

WIR
SIND
NRW !

Ein Familienfest
oder:
Der Urknall in Aplerbeck

»Hopp!«

Klar, **Willi** war mal wieder der Erste, der einstieg. Er nahm im Laderaum des Kombiwagens Platz und stellte erwartungsvoll die Ohren auf.

»Seht ihr?«, wandte Papa sich an Nora und Robin. »Willi findet unseren Ausflug gut. Und genau dieselbe Begeisterung möchte ich jetzt auch auf euren Gesichtern sehen.«

Nora und Robin blickten sich an. Nora hob skeptisch eine Augenbraue. Was sollte toll sein an der Aussicht, einen ganzen Tag lang fast nur mit Erwachsenen zusammen zu sein? Niemand würde sich für ihr Lieblingsthema interessieren: Mode! Und mit Robin würde niemand über »Ökologie« reden, also über Umwelt- und Naturschutz.

»Freut ihr euch denn gar nicht auf eure Großeltern?«, fragte Mama. »Und auf Uropa Hans und Uroma Kitty?«

8

»Doch, schon«, knurrte Robin. »Aber nicht auf dieses langweilige **Fest**.«

»Wer sagt denn, dass es langweilig wird?«, antwortete Papa, während nun alle ins Auto stiegen. »Wartet's mal ab! Vielleicht sagt ihr ja heute Abend, dass es superspannend war.«

Ja, so reden Erwachsene. Sie lieben Familienfeste, und ganz besonders runde Geburtstage und Hochzeiten. Zu solch einer **Hochzeit** fuhren Robin und Nora an diesem Tag mit ihren Eltern — und dem Hund Willi natürlich.

Die Hochzeit von Uropa Hans und Uroma Kitty sollte gefeiert werden. Oder genauer: dass die beiden an diesem Tag seit 70 Jahren miteinander verheiratet waren.

»70 Jahre!«, staunte Nora. »Wann haben die beiden denn geheiratet?«

»1946«, antwortete Robin, ohne lange nachdenken zu müssen.

»Ja«, bestätigte Mama. »Zu der Zeit war von uns allen noch gar keine Rede. Komisch, oder?«

»Das muss ja kurz nach dem **Urknall** gewesen sein«, meinte Robin spöttisch.

Papa lachte. »Ja, ich glaube, das kann man fast so sagen. Das heißt — vielleicht war es nicht gerade nach dem Urknall. Aber auf jeden Fall kurz nach der berühmten ›**Stunde Null**‹.«

»Die Stunde Null? Was ist das denn?«, hakte Nora nach.

»Bestimmt ein Begriff aus der Raumfahrt«, meinte Robin. »Ein Countdown oder so. Der Moment, in dem die Rakete startet.« Der Weltraum und das All gehörten zu Papas Lieblingsthemen. Deswegen wohnte die Familie am südlichsten Zipfel von **Nordrhein-Westfalen** — weil Papa in der Station des Radioteleskopes in Effelsberg arbeitete.

»Aber ein Moment ist doch keine Stunde!«, entgegnete Nora. »Nein, mit Raketen kann die Stunde Null nichts zu tun haben.«

»Die Stunde Null ist ein Begriff, der erstaunlicherweise tatsächlich einen Moment bezeichnet«, erklärte Mama, »den sprich-
wörtlichen ›Moment‹, als der **Zweite Weltkrieg** am 8. Mai 1945
zu Ende war.«

Nora und Robin schwiegen. Der Zweite Weltkrieg war ein typisches
Erwachsenenthema, mit dem sie bisher nicht allzu viel anfangen konnten.

»Aber irgendwie gehören die Stunde Null und die Rakete tatsächlich ein bisschen zusammen«, nahm Papa Robins Vermutung nachdenklich wieder auf. »Denn nur kurze Zeit nach
der Stunde Null bekam Deutschland die Chance zum **Neustart** – während rundum noch alles in
Schutt und Asche lag.«

Robin und Nora sahen sich fragend an. »Wie kann man denn etwas neu starten, das eigentlich kaputt
ist?«, wollte Nora wissen.

»Indem man die Dinge, die noch funktionieren, neu zusammensetzt und im Kleinen anfängt«, antwortete Mama. »Und anschließend kann man die funktionierenden kleineren Teile wie bei einem
Puzzle zu etwas Größerem zusammenfügen«, fuhr sie fort. »In Deutschland wurden zum Beispiel erst
einmal kleinere Verwaltungseinheiten oder Landesteile geschaffen, die **Bundesländer**. Auch unser
Land Nordrhein-Westfalen war darunter. Es wurde ein gutes Jahr nach Kriegsende, am 23. August 1946
gegründet.«

»Das ist ja jetzt auch **70 Jahre** her! Genau wie die Hochzeit von Uropa Hans und Uroma Kitty!«, rief
Robin.

»Stimmt«, bestätigte Papa. »Die beiden haben kurz nach der **Gründung** von Nordrhein-Westfalen
geheiratet.«

»Du hast also doch recht, Robin«, stellte Mama fest und sah durch den Spiegel zu Nora und Robin auf
der Rückbank. »Die Hochzeit war kurz nach dem Urknall! Dem Urknall von **NRW**.«

8. Mai
1945 ← URKNALL !

»Und sie führte zu einem weiteren Urknall«, fügte Papa schmunzelnd hinzu. »Den Urknall, ohne den wir alle jetzt nicht hier wären.«

Nora sah Papa an und runzelte die Stirn. Sie überlegte fieberhaft, was er meinte.

»Na, den Urknall unserer Familie in Dortmund-Aplerbeck«, sagte er lachend. Und dann blinkte er und lenkte das Auto auf die Autobahn Richtung Norden.

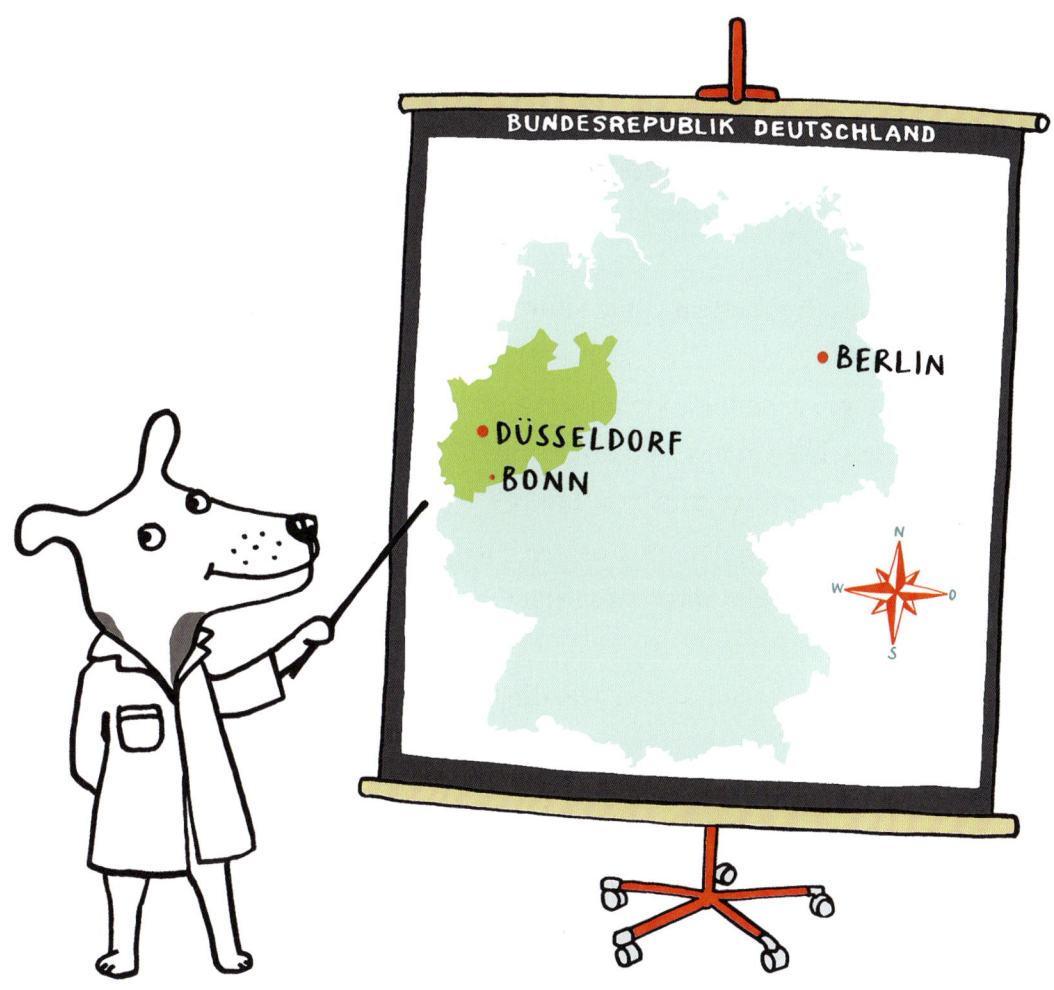

11

Alles auf Anfang
oder:
Die Wahrheit über Tante Cilly

»Wo holen wir Tante Cilly denn ab?«, fragte Mama, als Papa die Abfahrt **Düsseldorf** nahm und von dort aus die Innenstadt ansteuerte. »Mitten in der Stadt. Sie steht vor dem Opernhaus.«

»Was? Mit ihren 92 Jahren?«, rief Mama aus. »Wir hätten sie doch zu Hause abholen können.«

Papa zuckte die Schultern. »Anscheinend ist sie noch besser zu Fuß als ihr Bruder, Uropa Hans.«

»Und sie ist daran gewöhnt, selbst für sich zu sorgen«, ergänzte Mama voller Mitgefühl.

Robin stieß Nora unauffällig in die Seite. »Von wem reden die?«, flüsterte er.

»Von **Tante Cilly**.«

»Das weiß ich. Aber kennst du die?«, raunte er weiter.

»Nur von irgendwelchen Fotos. Aber sie kennt uns.«

Das hatte Papa mitbekommen. »Tante Cilly ist eure **Urgroßtante**«, sagte er, während er im Rückspiegel kurz Blickkontakt mit Nora und Robin suchte. »Sie ist die ältere Schwester von Uropa Hans.«

»… — und wohnt im Urwald«, ergänzte Robin.
»Lass das nicht die Düsseldorfer hören!«,
platzte Mama lachend heraus, während
sie nun schon mitten durch die Stadt fuhren.
»Düsseldorf ist immerhin die **Hauptstadt**
unseres Bundeslandes. Von hier aus wird NRW
regiert. Und außerdem ist Düsseldorf ein
wichtiger **Modestandort**. Also: Von wegen Urwald!«

»Da ist sie ja schon!«, sagte Papa.

Robin und Nora sahen aus dem Fenster. Vor einem großen Gebäude, dessen Vordach von rechteckigen Säulen gestützt wurde, stand eine alte Dame. Sie hatte einen Gehstock dabei, den sie aber zum Winken benutzte, sobald sie ihre Verwandtschaft im Auto erkannte.

Nur wenige Augenblicke später saß Mama hinten bei Nora und Robin, während Tante Cilly auf dem Beifahrersitz Platz genommen hatte. Mit Kennerblick erkannte Nora, dass die uralte Tante eine topmodische Handtasche trug. Leicht geschminkt war sie auch und überhaupt — gestylt, wenn auch sicher anders als die Mädchen in Noras Alter. Inklusive Hut mit einer Art Brosche und einer Feder daran. Fast so schick wie die englische Queen!

»Nora, Robin, ihr seid aber groß geworden!«, begrüßte sie die Geschwister. »Im Gegensatz zu mir. Ich werde immer kleiner. Na, kein Wunder, in meinem Alter. Und wer ist das da hinten?«, fragte sie mit einer Kopfbewegung zu Willi, der das Einsteigen der Tante etwas schläfrig verfolgt hatte.

»Das ist Willi«, antwortete Robin.

»Ah, das kann ich mir gut merken«, meinte Tante Cilly. »Nora, Robin und Willi. **NRW** also.« Und dazu kniepte sie den Geschwistern mit einem Auge zu.

»Wir hätten dich aber wirklich zu Hause abholen können, Tante Cilly«, sagte Mama ein bisschen schuldbewusst.

Aber die Tante winkte ab. »Keine Sorge, Kindchen. Ich wollte ohnehin in die Stadt. Ein kleiner Schaufensterbummel auf der Königsallee – ach, Mode ist ja doch immer noch mein Thema!«, meinte sie lachend. »Je oller, je doller!«

Noras Augen wurden groß. »Du interessierst dich für Mode?«

»Natürlich. Das war doch mein Beruf!«, antwortete Tante Cilly begeistert. »Ich hatte großes Glück. Das heißt, ganz so groß war das Glück natürlich nicht«, schränkte sie gleich darauf wieder ein. »Dass mein Herbert im **Krieg** geblieben ist – das war natürlich alles andere als ein Glück. Wir hatten so große Pläne.«

Es war nicht ganz klar, was Tante Cilly genau meinte. Aber irgendwie hatte Nora plötzlich einen Kloß im Hals. In diesem Moment schaltete sich allerdings Robin schon wieder ein. »Was meinst du damit: ›im Krieg geblieben‹? Der Krieg war doch irgendwann zu Ende.«

»Du hast Recht, Robin«, antwortete Tante Cilly. Dazu drehte sie sich ein wenig um, sodass sie Robin und Nora besser sehen konnte. »Wir nannten es früher so. Vielleicht weil wir so lange die **Hoffnung** hatten, dass unsere Männer nur in **Gefangenschaft** geraten waren und eines Tages zurückkommen würden. Irgendwann aber war klar, dass mein Mann Herbert, den ich noch während des Krieges geheiratet hatte und zu dem ich nach Düsseldorf gezogen war, umgekommen war. Und dann war ich mit meinen 22 Jahren damals das, was man eine **Kriegerwitwe** nannte. Ich musste mich darum kümmern, eine Arbeit zu finden und irgendwie durchzukommen.«

»Warum hast du denn nicht noch einmal geheiratet?«, wollte Nora wissen.

Tante Cilly lächelte traurig. »Zuerst war ich zu betrübt. Und später fand ich keinen Mann mehr, der mir so gut gefiel wie Herbert. Es gab ja auch kaum noch Männer in meinem Alter. Zu viele waren im Krieg gestorben. – Ich habe mich damals einfach auf meine Arbeit konzentriert«, fuhr sie nach einer kleinen Pause fort. »Denn ich fand ja eine wirklich schöne Arbeitsstelle. Bei der Messegesellschaft. Durch einen großen Zufall. Genau an dem Tag, als Nordrhein-Westfalen seinen ersten **Landtag** erhielt.«

»War das etwa zufällig auch vor 70 Jahren?«, warf Robin jetzt wieder ein. »Allmählich kommt mir diese 70 wie eine magische Zahl vor.«

Tante Cilly lachte. »Da ist was dran, Robin«, antwortete sie. »Was vor 70 Jahren passierte, kam uns auch vor wie Zauberei. Dadurch, dass das ganze Land — der ganze Kontinent muss man sagen — wie ausradiert war, standen wir alle vor einem völligen **Neuanfang**. Und dieser Neuanfang bot Raum für Zufälle und Chancen. Auf diese Weise habe ich meine Stelle bei der Modemesse bekommen. Ich weiß es noch, als wäre es heute: Es war der **2. Oktober 1946**. Ich hatte das schönste Kleid angezogen, das ich noch besaß, und war in die Stadt gegangen, zum Opernhaus, vor dem ihr mich gerade abgeholt habt. Damals sah es allerdings noch anders aus, nicht so modern wie heute. Jedenfalls wurde dort die Eröffnung des ersten Landtags von Nordrhein-Westfalen gefeiert. Unsere Stadt Düsseldorf war nun **Landeshauptstadt**! Viele Schaulustige kamen auf der Straße zusammen. Unter ihnen war auch ein Mann, dem ich wohl gefiel, und der mich fragte, ob ich mich zufällig für Mode interessiere, Schreibmaschine schreiben könne und eine Stelle suche. All dies traf zu — und so kam ich über den Job bei diesem Mann zur Modemesse und blieb dort mein Leben lang.«

»Wow! Das finde ich toll!«, sagte Nora. »Dass du mit Mode gearbeitet hast, meine ich«, schob sie schnell hinterher.

»Aber noch mal zum Heiraten«, kam Tante Cilly auf ihre Erzählung zurück. »Wisst ihr eigentlich, wie die Gründung von NRW damals genannt wurde? ›**Operation Marriage**‹ — ›Unternehmen Hochzeit‹. Weil dabei

OPERATION MARRIAGE

Westfalen · Ruhrgebiet · Rheinland

Westfalen, das Ruhrgebiet und das Rheinland miteinander verbunden wurden. Also, eine Liebesheirat war das nicht«, lachte sie leise. »Das war bei Herbert und mir anders. Und bei Hans und Kitty auch …«, endete sie mit einem wehmütigen Lächeln.

Inzwischen fuhr die Familie schon längst wieder Richtung Autobahn.

»Ihr könnt euch nicht vorstellen, wie es hier ausgesehen hat«, fuhr Tante Cilly fort. »Es gab ganze Stadtteile, wo kaum noch ein Stein auf dem anderen stand, so zerbombt war alles. Und die geringsten Dinge, ein zerbeulter Kochtopf oder ein Stück unbedrucktes Papier, wurden zu kostbarsten **Schätzen**. Na ja, es waren ja nicht die anderen, die den Krieg angefangen hatten, sondern Deutschland …«

»Aber wenn kaum noch ein Stein auf dem anderen stand, wo haben die Menschen denn dann gewohnt?«, wollte Robin wissen.

»Sie haben in dem gewohnt, was von den Häusern übrig geblieben war«, antwortete Tante Cilly.

»In den **Kellern**, oder auch in Häusern, die keine Fensterscheiben mehr hatten oder Löcher in den Dächern, durch die es hereinregnete.«

»Was? Ist das wahr? Das kann ich mir überhaupt nicht vorstellen!«, warf Robin ein.

»Ich kann es mir heute auch nicht mehr vorstellen«, antwortete Tante Cilly.

»Aber es war so. Das Schlimmste aber war nicht, wie wir gewohnt haben, sondern der **Hunger**. Schon bald nach Kriegsende gab es nichts mehr zu essen. Weil die Möglichkeiten zur Herstellung von Lebensmitteln im Krieg zerstört worden waren und während der letzten Kriegsmonate alle Männer zwischen 16 und 60 Jahren

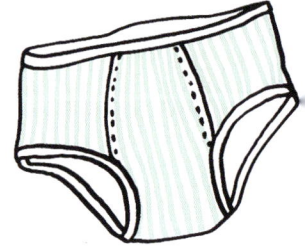

Soldaten werden mussten. Damit standen für die Lebensmittelproduktion nicht mehr genügend Menschen zur Verfügung — und im Handumdrehen wurden die **Vorräte** knapp, sofern sie nicht sowieso zerstört worden waren.« Tante Cilly sah nachdenklich auf die Felder neben der Autobahn, auf der die Familie nun wieder fuhr. »Es ist unvorstellbar, wie viele Lebensmittel heute wieder produziert werden — und wie viel davon achtlos weggeworfen wird. Das finde ich wirklich schlimm.«

Von hinten fiepte es leise. Willi. Er schlief und träumte. Wahrscheinlich von großen, saftigen Knochen.

»Alles war knapp — vom Essen bis zur **Kleidung**«, fuhr Tante Cilly fort. »Ein Freund von Herbert zum Beispiel hatte vom Kriegsende bis zum Sommer 1947 nur zwei Unterhosen. Dann ging eine davon kaputt, und für eine neue Unterhose musste er sein halbes Monatsgehalt ausgeben, das er als Lehrling beim Finanzamt verdiente.«

»Soviel Geld für eine Unterhose?«, warf Nora ein. »Wie geht das denn?«

»Das Geld war plötzlich einfach nichts mehr wert«, antwortete Tante Cilly. »Die Leute tauschten Ware gegen Ware — und das nicht in Geschäften, sondern auf dem sogenannten **Schwarzmarkt**. Das war ein Tummelplatz für Kriminelle, kann ich euch sagen! Denn die Leute stahlen wie die Raben, um etwas zum Tauschen zu haben. Die beste Währung waren **Zigaretten**.«

»Zigaretten?«, wiederholte Robin ungläubig.

Tante Cilly nickte bestätigend. »Zigaretten, am besten amerikanische. Die waren das, was ihr heute ›cool‹ nennt. Ach ja, etwas ganz Besonderes gab es auch noch:

In den Bergbaugebieten gab es sogenannte **Bergmannspunkte**. So etwas wie Gutscheine für die Arbeiter in den Zechen, für die man Waren bekam. Aber im Jahr 1948 war Schluss mit alldem. Da wurde die alte Währung, die Reichsmark, abgeschafft und die **Deutsche Mark** als neue Währung eingeführt. Alle Bürger — egal wie viel Geld sie vorher besessen hatten — bekamen ein Startguthaben von 40 D-Mark. Und plötzlich gab es wieder Waren in den Geschäften. Das war wirklich wie Zauberei!«

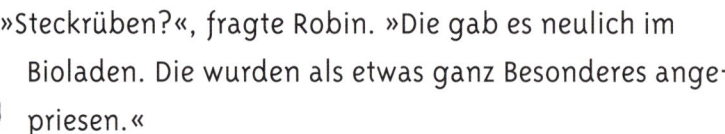

»Wie, und dann konntet ihr plötzlich wieder in den Supermarkt gehen und ganz normal einkaufen?«, schloss Nora verblüfft.

»In den Supermarkt nicht gerade. So etwas kannten wir damals noch nicht«, antwortete Tante Cilly lachend. »Wir haben an Bretterbuden und **Marktkarren** eingekauft. Aber immerhin! Und wenn wir zum Einkaufen gingen, dann haben wir genau das getan, was die jungen Mädchen heute auch tun, wenn sie shoppen gehen: Wir haben versucht, uns hübsch zu machen — mit dem, was uns noch geblieben war. Allerdings kauften wir keine Klamotten, sondern Kartoffeln und **Steckrüben**«, schob Tante Cilly schmunzelnd hinterher.

»Steckrüben?«, fragte Robin. »Die gab es neulich im Bioladen. Die wurden als etwas ganz Besonderes angepriesen.«

»Also Uropa Hans braucht man mit Steckrüben nicht mehr zu kommen, sagt Oma Traudel. Er will sie nie mehr sehen!«, warf Papa ein.

»Das kann ich verstehen. In der Nachkriegszeit haben wir so gut wie nichts anderes gegessen. Und danach haben wir uns alle geschworen: Die wollen wir nie wieder! Aber ich muss schon zugeben«, meinte Tante Cilly und wackelte sanft mit dem Kopf. »Steckrüben sind besser als ihr Ruf.«

»Jedenfalls machten wir uns damals sogar für die Steckrüben schick — im Rahmen unserer äußerst bescheidenen Möglichkeiten«, nahm sie den vorherigen Faden wieder auf. »Während des Krieges hatten die Frauen, die allein zu Hause waren, die schwersten Arbeiten leisten müssen. Und auch in der Zeit unmittelbar nach dem Krieg blieb das noch so, denn viele Männer waren tot oder noch nicht aus der Gefangenschaft zurückgekehrt. Um aber ein Gegenbild zu diesen schweren Aufgaben zu schaffen, wurde die **Mode** nun betont weiblich. Ich erinnere mich gut an die erste Igedo, die internationale Modemesse, im Jahr 1949, hier in Düsseldorf. Zauberhafte Kleider und schlanke Schnitte. Kein Wunder, wir hatten ja alle nichts auf den Rippen. Das änderte sich dann mit der sogenannten **Fresswelle** in den 50ern. Da wurden die Schnitte der Kleider immer weiter und weiter«, bemerkte Tante Cilly mit einem leisen Kichern.

Nora musterte die etwas rundliche kleine Tante unauffällig. Ob es noch ein Foto von ihr gab, als junge Frau in einem schicken Kleid?

»Die **Währungsreform** 1948 war also ein entscheidender Schritt für Deutschland?«, warf Mama in diesem Moment ein.

»Wirtschaftlich gesehen auf jeden Fall«, antwortete Tante Cilly, die sich mittlerweile richtig in Schwung geredet hatte. »Mindestens ebenso entscheidend aber war die politische Entwicklung Deutschlands hin zur **Demokratie**. Und da gehörte NRW mit zu den Ers-ten, die dies umsetzten. Nämlich nur ein knappes Jahr nach der Gründung unseres Bundeslandes fanden am 20. April 1947 die ersten Landtagswahlen statt.«

»Eigentlich hättet ihr doch zu diesem Zeitpunkt schon richtig zuversichtlich sein können«, meinte Mama. »Demokratie und freie **Wahlen** sind doch die Grundlagen für ein zivilisiertes Leben.«

19

Tante Cilly wiegte den Kopf. »Das stimmt natürlich«, gab sie zu. »Aber ich glaube, wir haben das damals nicht alle richtig kapiert. Oder es wirkte sich nicht unmittelbar genug auf unseren **Alltag** aus. Wir waren entnervt, weil wir immer noch ständig **Hunger** hatten — und in zwei eisig kalten Wintern, die auf das Kriegsende folgten, auch noch erbärmlich froren. Außerdem war noch so vieles ungeklärt: NRW war damals schon das bevölkerungsreichste Land der späteren Bundesrepublik. Schon während des Krieges waren viele Flüchtlinge aus dem Osten ins Ruhrgebiet geflohen. Und nach dem Ende des Krieges ging der **Flüchtlingsstrom** dadurch weiter, dass Deutschland nun Teile seiner alten Gebiete nicht mehr besaß und alle Deutschen, die dort gewohnt hatten, gehen mussten. Meine Schwägerin Kitty stammt ja auch aus Ostpreußen. Sie kam schon vor dem Kriegsende hierher. All diese Menschen mussten ebenfalls essen, sie brauchten ein Dach über dem Kopf und möglichst auch Arbeit. Und all das konnte NRW — wie die meisten Länder — zu dieser Zeit noch nicht richtig bieten — weder denen, die schon immer hier waren, noch denen, die neu hinzu-kamen. Wenn der Magen leer ist, funktioniert der Kopf nicht gut«, gab Tante Cilly zu. »Ich habe auch zu denen gehört, die gesagt haben: Gebt uns erst mal etwas zu essen, bevor wir weiter über **Politik** reden.«

»Hm«, machte Robin leise zu Nora. »Irgendwie kann ich das verstehen. Wenn ich Hunger habe, kann ich auch nicht richtig denken.«

»Erst mit der Währungsreform und dem wirtschaftlichen **Aufschwung** sahen wir wieder klarer«, setzte Tante Cilly ihren Gedanken von vorhin fort. »Wir hatten das Gefühl: Jetzt geht unser Leben wieder los. Das war gerade für uns junge Leute damals wichtig. Und dann wurde es für NRW so richtig spannend«, erzählte sie weiter und klang dabei tatsächlich, als erzählte sie eine Abenteuergeschichte. »Die **Bundesrepublik Deutschland** sollte entstehen, und die neue Hauptstadt sollte in NRW liegen, in **Bonn** nämlich.«

»In Bonn?«, schoss es aus Nora heraus. »Gleich bei uns vor der Haustür?«

»Sozusagen«, antwortete Tante Cilly. »Und auch gleich vor der Haustür von einem Herrn **Adenauer**,

der damals in Rhöndorf wohnte, unmittelbar an der Landesgrenze von NRW. Konrad Adenauer war Oberbürgermeister von Köln und nach dem Krieg Präsident des sogenannten **Parlamentarischen Rates** der neu entstandenen westlichen Bundesländer. Dieser Rat hatte die Aufgabe, eine neue **Verfassung**, das heißt ein neues Grundgesetz, für die spätere Bundesrepublik Deutschland auszuarbeiten — also für den Teil Deutschlands, der nach dem Krieg von den Amerikanern, den Briten und den Franzosen besetzt worden war. Übrigens gab es zwei ganz spezielle Zaungäste, als der Parlamentarische Rat am **1. September 1948** zum ersten Mal im Bonner Museum Koenig zusammentrat.«

»Wie? Der Parlamentarische Rat trat in einem Naturkundemuseum zusammen?«, sprach Robin dazwischen. »Allerdings«, bestätigte Tante Cilly amüsiert. »Und die Zeugen dieses Ereignisses im Lichthof des Museums waren zwei ausgestopfte Giraffen, die bis heute an dieser Stelle stehen.«

Jetzt musste die ganze Familie lachen. Davon wachte Willi auf, und er kläffte zur Bekräftigung laut mit.

»Vielleicht ist das gar keine schlechte Idee: Giraffen in der Politik«, witzelte Robin. »Die behalten auf jeden Fall den Überblick.«

»Na ja«, meinte Tante Cilly, »immerhin hatte man sie dem ernsten Anlass gemäß mit Tüchern verhängt. Trotzdem: Das Museum Koenig in Bonn ist

ADENAUER
Konrad

Bundesstadt Bonn

so eine Art **Keimzelle** für die spätere Bundesrepublik. Und lange Zeit erzählten sich die Leute, Bonn sei nur deswegen Hauptstadt geworden, weil Adenauer schon als Präsident des Parlamentarischen Rates vorhatte, Bundeskanzler zu werden, und weil er so nah bei Bonn wohnte. Ich weiß nicht, ob das stimmt«, gab Tante Cilly lächelnd zu. »Sicher hat es aber eine Rolle gespielt, dass die Stadt Bonn weniger zerstört war als andere Städte zu der Zeit. Köln zum Beispiel — diese Stadt gab es fast nicht mehr.«

»Wie — was soll das denn heißen, Köln gab es fast nicht mehr?«, mischte Robin sich wieder ein.

»Ein einfaches Zahlenspiel«, antwortete Tante Cilly. »Vor dem Krieg, im April 1939, lebten rund 770 000 Menschen in der Stadt, gegen Ende des Krieges, im April 1945, waren es noch knapp 70 000. Die Gebäude der Innenstadt waren fast alle vollständig zerstört.«

Das »Wow!« blieb Robin im Hals stecken. »Ganz schön gruselig«, sagte er nur.

»Ja, es war gruselig«, stimmte Tante Cilly zu. »Und darum war es nachvollziehbar, dass sich der Parlamentarische Rat für eine Stadt entschied, die weniger beschädigt war. Außerdem sollte es eine Stadt sein, die etwa in der **Mitte** des Landes lag.«

»Aber da hätte man doch vielleicht Frankfurt am Main nehmen können?«, warf Papa ein.

»Richtig, aber es kam noch etwas hinzu«, erklärte Tante Cilly. »Deutschland war seit dem Kriegsende geteilt. Und natürlich hofften alle Deutschen, dass die **Teilung** bald wieder beendet sei und Berlin wieder Hauptstadt werden konnte. Bis dahin sollte es nur einen provisorischen, also vorübergehenden Regierungssitz im Westen geben. Und dass dies nur ein Provisorium war, wurde in der kleinen Stadt Bonn deutlicher als im großen Frankfurt.«

»Ein **Provisorium**, das sich immerhin bis 1990 hielt«, meinte Mama. »Erst dann wurde Berlin ja wieder Hauptstadt und ab 1999 Regierungssitz des wiedervereinigten Deutschland.«

»Stimmt«, bestätigte Tante Cilly. »Für die Menschen in NRW aber wurde die Wahl Bonns als provisorischer Hauptstadt besonders spannend. Denn auf diese Weise waren wir immer ganz nah dran an den politischen Entwicklungen, die die junge **Republik** in den folgenden Jahren nehmen sollte.«

»Seit wann gibt es denn eigentlich die Bundesrepublik Deutschland?«, wollte Robin jetzt wissen.

»Zufällig auch seit 70 Jahren — wie so ungefähr alles, wovon wir gerade reden?«

»Nicht ganz«, antwortete Tante Cilly. »Die Bundesrepublik gibt es seit der Verabschiedung des Grundgesetzes am 8. Mai 1949 und dessen Inkrafttreten am **24. Mai 1949**.«

»Dann ist NRW also älter als die Bundesrepublik?«, stellte Nora fest.

»Genau. Das ist das, was ich vorhin gesagt habe«, meldete sich Mama zu Wort. »Dass man erst einmal die Bundesländer gründete und im Kleinen anfing, bevor man ein großes neues Land schuf.«

»Aber eins verstehe ich nicht«, sagte Robin nachdenklich. »Wieso hat man das **Grundgesetz** denn ›verabschiedet‹ — es war doch gerade erst fertig geworden?«

Papa lachte leise auf. »Du hast recht, Robin. Erwachsene sagen öfter mal komische Dinge. Etwas verabschieden heißt in der politischen Sprache so viel wie beschließen und annehmen, nachdem zum Beispiel ein Gesetz erst einmal entworfen und darüber beraten wurde.«

Tante Cilly sah schon eine ganze Weile aus dem Fenster. »Früher bin ich die Strecke von Düsseldorf nach **Aplerbeck** ja hin und wieder mit dem Zug gefahren«, sagte sie wie in Gedanken. »Nachdem Kitty und Hans geheiratet hatten, kamen schon bald, also Anfang 1947, die Zwillinge. Und da konnten die jungen Eltern ein bisschen Entlastung gut brauchen.«

»Das war sicher kein Kinderspiel, in den Hungerjahren gleich zwei Kinder zu bekommen und aufzuziehen«, warf Mama nachdenklich ein.

»O nein, das war alles andere als ein Kinderspiel!«, berichtete Tante Cilly. »In Aplerbeck standen aber immerhin noch ein paar Apfelbäume — der Name des ehemaligen Ortes und heutigen Stadtteils von Dortmund weist ja daraufhin, dass es hier schon lange Zeit Apfelanbau gegeben hat. Wusstet ihr

23

übrigens, dass ausgerechnet Dortmund-Aplerbeck die geografische **Mitte** von NRW ist?«, wandte Tante Cilly sich wieder an Nora und Robin.

»Ich glaube, Uropa Hans hat es uns einmal gesagt«, antwortete Robin unsicher.

»Aber wir konnten uns irgendwie nicht so viel darunter vorstellen«, ergänzte Nora eher uninteressiert.

»Na ja«, meinte Tante Cilly mit leisem Lachen. »Wenn ich nicht zufällig von dort käme, wäre mir diese Tatsache wohl auch eher egal.«

»Das ist übrigens etwas, das du mit Willi gemeinsam hast«, warf Papa ein. »Er stammt auch aus Aplerbeck. Von einer befreundeten Familie.«

Tante Cilly sah nach hinten, wo Willi gerade schläfrig ein Auge öffnete. »So?«, fragte sie. »Na, wer weiß, vielleicht haben wir ja noch gemeinsame Bekannte ...«, kicherte sie.

»Dann warst du also früher öfter bei Hans und Kitty?«, hakte Mama nun noch einmal nach.

Tante Cilly wiegte den Kopf. »Öfter wohl nicht gerade, aber doch hin und wieder. Wir waren damals ja noch nicht so mobil wie die Leute heute. Aber immerhin fuhren doch schon wieder ein paar Züge. Und da es noch kaum Telefone gab, war man bei der Kommunikation mit der Familie auf **Briefe** und **Besuche** angewiesen. Wir nutzten unsere Freizeit überhaupt, um einander zu besuchen und uns auf diese Weise auszutauschen, auch im Freundeskreis. Ansonsten gingen wir vielleicht spazieren oder saßen im Sommer zusammen auf den Balkons — sofern wir welche hatten.«

»Wie? Sonst habt ihr nichts gemacht in eurer Freizeit?«, hakte Robin ein. »Ihr seid nicht mal irgendwohin gegangen? Von mir aus nur zum Kahnfahren in den Park oder so?«

»Es gab nicht viele Angebote«, antwortete Tante Cilly mit einem Schulterzucken. »Hier und da eröffnete vielleicht mal ein **Kino**, vorausgesetzt, es gab dafür noch entsprechende Gebäude. Erst zu Beginn der 50er-Jahre kam das gesellschaftliche Leben wieder richtig in Schwung und

es entstanden mehr und mehr Freizeitmöglichkeiten«, erklärte Tante Cilly.
»Ach, Robin, das wird dich interessieren«, sprach sie Robin gezielt an. »Der
Fußball wurde auf einmal ein ganz wichtiger Sport. NRW wurde eine richtige
Fußballhochburg, und ganz besonders das **Ruhrgebiet**. Die Kumpels aus den Zechen trafen
sich samstags auf dem Fußballplatz, spielten selbst oder sahen zu. Und dann geschah etwas
Unglaubliches!« Tante Cilly klang jetzt echt begeistert. »Im Jahr 1954 gab es die erste **Fußball-
weltmeisterschaft** nach dem Krieg. Und durch einen Treffer des Essener Spielers Helmut Rahn
gewann Deutschland im Endspiel gegen Ungarn und wurde Weltmeister!«
Nora, die normalerweise beim Thema »Fußball« die Ohren auf Durchzug stellte, horchte auf.
»Gibt es darüber nicht auch einen Film?«, fragte sie. »›Das Wunder von Bern‹, oder so?«
Tante Cilly nickte. »Ja. Den habe ich mir im Kino angesehen. Von diesem jungen Regisseur aus Marl,
Sönke Wortmann, also auch wieder jemand aus NRW. Ein toller Film!«
»Gibt's den auf DVD, Papa?«, fragte Robin nach vorn. »Dann will ich den auch mal sehen.«
»Klar«, antwortete Papa, während er die Ausfahrt Dortmund-Aplerbeck ansteuerte. »Gleich
nächstes Wochenende können wir uns den Film ansehen. Und danach schicken wir ihn Tante Cilly,
damit sie ihn auch noch mal gucken kann.«
»Oh, da würde ich mich wirklich freuen«, jubelte Tante Cilly. Dann sah sie aus dem Fenster
und riss erstaunt die Augen auf. »Was? Wir sind so gut wie da?
Also, da ist die Fahrt aber wie im Fluge vergangen. Ich sag's
ja immer«, fuhr sie fort, während Papa durch die letzten
Straßen kreuzte und den Wagen auf den Parkplatz des
Altenheims lenkte, wo Uropa Hans und Uroma Kitty seit
einiger Zeit lebten. »Kinder, wie die **Zeit** vergeht!«

1954

Von Rennpferden und Supermärkten
oder:
Das Wirtschaftswunder

»Da sind sie!« Es war Tante Cilly, die **Uropa Hans und Uroma Kitty** als Erste entdeckte. Noch bevor Papa den Motor ausgeschaltet hatte, stieg sie aus dem Auto und stürmte auf die beiden zu.

Mama sah ihr nach und schüttelte ungläubig den Kopf.

»Ich hätte nie gedacht, dass Tante Cilly Fußballfan ist …«

Uropa Hans und Uroma Kitty standen im Eingang des Seniorenheims. Uropa Hans stützte sich auf einen Rollator und Uroma Kitty hatte es sich auf dessen Sitzfläche bequem gemacht.

Während sie mit Willi an der Leine näher kamen, sahen Nora und Robin zu, wie sich die alten Leute begrüßten.

»Liebe Kitty«, sagte Tante Cilly und umarmte ihre Schwägerin, die sich inzwischen vom **Rollator** erhoben hatte. »Meinen herzlichen Glückwunsch! Und auch dir alles Gute, ›kleiner Bruder‹«, fuhr sie an Uropa Hans

gewandt fort. »Wie ich sehe, hast du ein neues **Rennpferd**.« Damit deutete sie auf den Rollator.

Uropa Hans zuckte mit den Schultern. »Na ja, meine geflügelten Pferdchen konnte ich hierher ja nicht mitnehmen«, antwortete er. »Darum habe ich mir Ersatz zugelegt«, fügte er mit einem Augenzwinkern in Richtung Nora, Robin und ihrer Eltern, die inzwischen neben ihnen standen, hinzu. »Vielleicht ist es auch besser so. Euer Hund würde sich sonst wohl aufregen. Aber jetzt kommt herein, Kinder, kommt! Alle anderen sind schon da.« Und so schnell er mit seiner rollenden Gehhilfe laufen konnte, ging er voraus durch die große Schiebetür.

»Hast du auch nur ein einziges Wort verstanden, was die da von geflügelten Rennpferden geredet haben?«, flüsterte Nora ihrem Bruder zu.

Robin schüttelte unmerklich den Kopf. »Keinen Ton«, sagte er. »Die könnten genauso gut chinesisch sprechen …«

In einem kleinen Raum im Erdgeschoss des Seniorenheims, einer Art größerem Wohnzimmer, gab es neben Sofas, Sesseln und Couchtischen einige Stehtische. Auf ihnen standen Getränke und zwei silberfarbene Platten. Sofort hob Willi die Schnauze, als er den Duft von Lachs- und Bratenhäppchen erschnupperte.

Tatsächlich war die ganze restliche Familie bereits versammelt: Opa Api, der eigentlich Alfred hieß, und Oma Traudel, die Eltern von Papa. Dazu Opas Zwillingsbruder Konrad und Petra, Papas ältere Schwester. Außerdem natürlich noch Max, Petras Sohn und damit der Cousin von Nora und Robin, der mit seinen 20 Jahren bereits zu den Erwachsenen zählte.

An einer Wand hing ein Plakat. Es war ein altes **Foto**. Zwei junge Leute waren darauf zu sehen. Die Frau hatte einen einfachen Blumenstrauß im Arm. Der Mann beugte sich von hinten ein wenig zu ihr hin, und beide

lächelten etwas steif in die Kamera. Waren das etwa Uropa Hans und Uroma Kitty?

Eine Frau mit Kopftuch, die offenbar eine Angestellte des Seniorenheims war, bot auf einem Tablett Getränke an. Uroma Kitty nahm ein Glas und lächelte der Frau freundlich zu. »Haben Sie herzlichen Dank, Selina«, sagte sie. »Wenn wir Sie nicht hätten!« Dann wandte sie sich leise an ihre Schwägerin Cilly: »Ich weiß noch gut, wie schwer es war, als meine Eltern und ich damals als Flüchtlinge aus Ostpreußen hierher kamen. Niemand wollte uns haben.«

Mama, die neben Tante Cilly stand, nickte bedrückt. »Auch heute ist es ja leider so, dass die Flüchtlinge nicht überall mit offenen Armen aufgenommen werden.«

»Ich kann das nicht verstehen«, schaltete sich Oma Traudel ein. »Damals, während der letzten Kriegsmonate und unmittelbar nach dem Kriegsende, kamen allein in NRW zweieinhalb Millionen Menschen aus dem Osten an! Das sind viel, viel mehr, als die Flüchtlinge, die heute in ganz Deutschland aufgenommen werden möchten! Und diese Menschen kamen in einer Zeit, in der die Wirtschaft am Boden lag, in der Hunger herrschte und die Städte zerstört waren. Aber gemeinsam haben sie es geschafft: die Alteingesessenen und die Neuen. Es wurden sogar ganze Städte zu sogenannten Vertriebenenstädten. Espelkamp zum Beispiel. Ein Teil meiner Familie ist dorthin gezogen.«

»Jetzt lasst uns anstoßen!«, rief in diesem Moment Onkel Konrad, Opa Apis Bruder, in die Runde und erhob sein Glas. »Auf Hans und Kitty! Auf 70 Jahre glückliche Ehe!«

»Ja, und dann greift zu!«, ergänzte Uropa Hans fröhlich, nachdem er einen Schluck getrunken hatte, und deutete auf die Platten mit den Häppchen. »So gut wie heute ging es uns noch nie!«

Während die anderen sich bedienten und auf den Sofas und Sesseln Platz nahmen, trat Nora vor das große Foto an der Wand und sah es sich genau an. »Ihr hattet ja gar keine Hochzeitskleider an«, stellte sie überrascht fest, »sondern nur ganz normale Straßenkleidung.«

»Tja, den Brautschleier meiner Mutter, unter dem ich eigentlich hatte heiraten wollen, konnten wir auf der Flucht leider nicht mitnehmen«, seufzte Uroma Kitty. »Aber es ging ja dann auch so …« Und sie lächelte ihren Mann liebevoll an.

»Zumindest waren wir nicht die Einzigen. Eine ganze Reihe Menschen, die nach dem Zweiten Weltkrieg hierherkamen, konnten nur sehr wenige Dinge mitbringen«, ergänzte Uropa Hans. »Und auch wenn wir kein Geld für eine große Hochzeitsfeier hatten — wir konnten zufrieden sein: Wir waren jung, wir bekamen zwei gesunde Jungs, Konrad und Alfred, und ich fand bald Arbeit in der nahe gelegenen Hermannshütte in Hörde. Damit hatte ich aufs richtige Pferd gesetzt.«

Beim Stichwort ›Pferd‹ verpasste Nora ihrem Bruder Robin, der mittlerweile neben ihr stand, einen Stoß in die Rippen. War nicht vorhin schon einmal die Rede von Pferden gewesen?

»Von da an ging's aufwärts. Für uns persönlich und für das ganze Land. Die **Kohle** und der **Stahl** haben das Ruhrgebiet groß gemacht«, fuhr Uropa Hans fort und bekräftigte seine Worte mit einem Kopfnicken. »Und damit nach dem Krieg ganz NRW. Die Kohle wurde in einem fort gefördert. Dazu brauchte man viele Hände. Mitte der 50er-Jahre waren die **Bergleute** die größte Berufsgruppe in unserem jungen Bundesland. Und die Hochöfen der Stahlproduktion qualmten ebenfalls Tag und Nacht.«

»Und da hast du wirklich so viel Kohle verdient, dass ihr euch ein Rennpferd leisten konntet?«, konnte sich Nora jetzt nicht mehr zurückhalten. Sie und Robin hatten sich inzwischen ebenfalls ein paar Häppchen von den Stehtischen geholt und sich zu den anderen gesetzt.

Einen Augenblick sahen die Erwachsenen Nora verdutzt an. Dann brachen sie in Gelächter aus.

29

Auf der Stelle wurde Nora knallrot. »Ihr habt doch vorhin von Pferden gesprochen, Tante Cilly und Uropa Hans«, verteidigte sie sich.

»Richtig, Nora, du hast recht«, sprang Tante Cilly ihr augenblicklich bei. »Aber ich meinte das ›Rennpferd des kleinen Mannes‹: die Brieftaube. Das Taubenzüchten war in den 50er- und 60er-Jahren ein beliebtes Hobby im Ruhrgebiet.«

»Ja, wir brauchten eben ein bisschen **Entspannung** neben unserer harten Arbeit«, erinnerte sich Uropa Hans. »Und Fernsehen«, er schüttelte den Kopf, »das hatten wir damals noch nicht. Wir hörten höchstens Radio, zumal es seit 1956 einen eigenen Sender für NRW gab, den Westdeutschen Rundfunk. Aber erst seit 1965 wurde dort auch ein Fernsehprogramm produziert.«

Willkommen beim Westdeutschen Rundfunk!

»Ich erinnere mich am liebsten an die Stunden, in denen wir die freie Zeit mit der gesamten Familie verbracht haben«, schaltete sich Uroma Kitty ein. »Zum Beispiel, als wir mit dem Zug nach Köln gefahren sind und dort die erste **Bundesgartenschau** in NRW besucht haben. Das war im Jahr 1957.«

»Ja«, stimmte Onkel Konrad begeistert zu. »Und als eine Art Geschenk zu Apis und meinem zehnten Geburtstag sind wir mit der Seilbahn über den Rhein gegondelt! Das war ein ganz großes Abenteuer! So etwas hatte es bis dahin in ganz Europa noch nicht gegeben, eine Seilbahn, die über einen Fluss führte!«

»Damit konnten wir am nächsten Tag in der Schule mächtig angeben!«, erinnerte sich Opa Api lächelnd.

»Du vielleicht«, zog Onkel Konrad ihn auf. »Ich habe nie angegeben!«

»Ich erinnere mich vor allem an die vielen schönen Blumen in der Bundesgartenschau«, ergänzte Uroma Kitty versonnen. »An die hübsch bepflanzten Beete. Und welche **Freude** die Leute daran hatten! Sie wollten es schön haben, nach den Jahren der Zerstörung und des Lebens in Schutt und Asche. Und heute«, setzte sie missmutig hinterher, »machen sie aus jedem Blumenkübel in der Stadt im Handumdrehen einen Mülleimer!«

»Von Aplerbeck nach Köln«, meinte Mama anerkennend. »Das war ja damals schon fast eine kleine Reise.«

»Das kann man wohl sagen«, gab Opa Api zu. »Und solche kleinen Genüsse waren ganz typisch für diese Zeit, in der das **Wirtschaftswunder** in vollem Gange war. Vielen Menschen gelang es damals, einen bescheidenen Wohlstand zu erringen.«

»Das Essen spielte damals übrigens eine ganz wichtige Rolle«, schaltete sich jetzt Tante Cilly auch mal wieder ein. Sie hatte sich gerade noch einen Teller Bratenhäppchen geholt — nachdem sie von ihrer ersten Portion heimlich Willi mitversorgt hatte. Seitdem lag er ergeben zu Füßen der alten Tante. »Die sogenannte Fresswelle gab es ja schon seit den frühen 50er-Jahren«, erzählte sie. »Bisher hatten die Leute in Geschäften eingekauft, die man Tante-Emma-Läden nannte — und die längst so gut wie ausgestorben

Bediene Dich selbst

sind. Im Jahr 1957 aber eröffnete in Köln etwas, das für uns heute ganz selbstverständlich ist: Ein **Supermarkt** nach amerikanischem Vorbild, so sagte man. Oh, das klang spannend!«

»Wie?«, hakte Robin nach. »Bis dahin habt ihr wirklich keine Supermärkte gekannt?«

»Es gab schon ein paar erste **Selbstbedienungsläden**«, berichtete Uroma Kitty. »Manche sogar mit kleinen Einkaufswagen. Aber im Normalfall wurde über die Theke verkauft.«

»Richtig, so war das. Und auch diese ersten Selbstbedienungsläden waren Geschäfte mit überschaubarer Größe«, schränkte Tante Cilly nun wiederum ein. »Dieser riesige Supermarkt in Köln aber war vermutlich der größte in ganz Europa. Und er sah ungefähr so aus, wie kurz darauf die ersten **Discounter**: die Ware wurde hier in großen Mengen aufeinandergestapelt. Nichts wurde mehr über die Theke gereicht, sondern man griff einfach zu. Das war für uns ein ganz neues und besonderes Gefühl. Übrigens: Auch die Discounter gab es deutschlandweit zuerst in NRW. Und die Idee dazu hatten die Gebrüder Albrecht, zwei pfiffige Kaufmannssöhne aus Mülheim an der Ruhr. Damals kam uns das alles gigantisch vor: So viele Lebensmittel — nach Jahren des Hungers! Also ich muss zugeben, ich habe diese neuen Geschäfte von Anfang an geliebt«, seufzte sie hingerissen. »Alles war so modern!«

Nora sah Tante Cilly fasziniert an. Modern! Das war genau der Begriff, der zu Tante Cilly passte. Sie interessierte sich für alles, was neu war — damals offenbar genauso wie auch heute noch. »Man könnte fast meinen, dass so ungefähr alles, was damals neu erfunden wurde, zuerst in NRW ausprobiert wurde«, bemerkte jetzt Robin. »Aber in den anderen Bundesländern muss doch auch etwas passiert sein.«

Bom dia !   ¡Buenos Dí

»Natürlich«, antwortete Onkel Konrad. »Aber durch die vielen Einwohner war NRW immer schon wie eine Art **Versuchsfläche**, wenn es um die Einführung von **Neuerungen** ging. Hier gab es viele **Arbeitsplätze** und NRW war deshalb ein eher wohlhabendes Bundesland, dessen Bewohner sich ›etwas leisten‹ konnten.«

»Ja, der Grund für den Wohlstand waren tatsächlich die Arbeitsplätze, die in NRW reichlich vorhanden waren«, bekräftigte Opa Api. »Es gab sogar so viel zu tun, dass Arbeitskräfte aus dem Ausland angeworben wurden«, fuhr er fort. »Schon seit Mitte der 50er-Jahre gab es darüber eine Vereinbarung mit Italien. Und deshalb kamen viele **Gastarbeiter** aus Italien, Spanien und Portugal ins Ruhrgebiet, in den ›Schmelztiegel NRW‹. Damit meinte man das Zusammenleben von Menschen aus unterschiedlichen Ländern.«

»Davon habe ich mal gehört«, sagte Nora jetzt. »Und im Fernsehen habe ich auch eine alte Filmaufnahme gesehen: wie ein Mann aus Portugal als der millionste Gastarbeiter am Bahnhof Köln-Deutz begrüßt wird und ein kleines Motorrad geschenkt bekommt. Der hat vielleicht geguckt!«

»Ja, diese Szene kenne ich auch«, ergänzte Opa Api lachend. »Der arme Mann wusste überhaupt nicht, wie ihm geschah — lauter Reporter und Kameras waren um ihn herum. Das berühmte Motorrad kann man übrigens heute noch bewundern. Es steht im Haus der Geschichte in Bonn.«

»Ab 1961 kamen auch türkische Bergleute hierher«, fuhr Uropa Hans nun wieder fort. »Es waren so viele, dass der WDR, unser Fernsehsender in NRW, sogar ein eigenes Programm in türkischer Sprache für sie machte.«

»Irgendwie ist das aber komisch«, stellte Robin nachdenklich fest. »Kamen früher wirklich Leute aus dem Ausland zum Arbeiten nach Deutschland? Und heute sind so viele Menschen bei uns arbeitslos?«

»Ja, das hat mit dem Strukturwandel zu tun«, antwortete Papa.

Iyi günler!

Buongiorno!

33

Robin hob skeptisch die Augenbrauen. »Der **Strukturwandel**?«, fragte er. »Was ist das denn?«

»Strukturwandel bedeutet, dass in einer Region das Geld mit der Zeit auf andere Weise verdient wird als vorher«, erklärte Mama. »Früher lebte man im Ruhrgebiet von der Kohleförderung und der Stahlproduktion. Dadurch gab es viele einfache Tätigkeiten, die man während der Arbeit erlernen konnte. Heute gibt es mehr Arbeitsplätze, die eine gute **Ausbildung** und viel **Fachwissen** voraussetzen.«

»Eigentlich kündigte sich der Strukturwandel schon sehr früh an, Ende der 50er-Jahre«, fuhr Onkel Konrad fort. »Plötzlich gab es mehr Kohle, als verbraucht wurde. Aber trotzdem wurde sie weiter abgebaut. Denn die Arbeiter im Bergbau und in der Stahlindustrie in NRW waren sehr mächtig und wehrten sich gegen einen möglichen Abbau von Arbeitsplätzen. Schon kurz nach dem Kriegsende hatten sie sich ein Mitbestimmungsrecht in ihren Betrieben erkämpft, das zum Vorbild für die Kohle- und Stahlindustrie in ganz Deutschland wurde. Auf diese Weise konnten die Bergleute zu Beginn der Kohlekrise ihre Stellen noch erhalten.«

»Die Kumpel — das war damals ein verbreiteter Begriff für die Bergarbeiter — haben getan, was sie konnten. Das erste Zechensterben zu Beginn der 60er-Jahre aber hielten sie trotzdem nicht auf«, warf Opa Api ein. »Im Jahr 1963 schlossen wegen der **Kohlekrise** insgesamt 13 Zechen im Ruhrgebiet.«

»Stimmt«, bestätigte Onkel Konrad. »Aber zum Glück entstanden schon ab 1962 viele Arbeitsplätze in einer neuen Branche. Neben den Ford-Werken, die schon seit 1930 in Köln waren, siedelten sich zwei weitere große Autohersteller in NRW an: Opel in Bochum und Mercedes-Benz in Düsseldorf. Und die **Schornsteine** von den Stahlwerken und der chemischen Industrie an Rhein und Ruhr qualmten weiter. Denn die sind übrigens auch wichtige Zulieferer der Autoindustrie.«

Unwillkürlich verzog
Robin das Gesicht. »Das
klingt aber nicht gerade gesund:
qualmende Schornsteine und Industrie.«

»Das war auch nicht gesund«, bestätigte Uropa Hans. »Anfang der 6oer-Jahre fielen jährlich 600 000
Tonnen **Staub** auf NRW. Eine unfassbare Menge!«

»Oh, ich erinnere mich«, fiel Uroma Kitty ein. »Hier im Ruhrgebiet konnte man manchmal keine
Wäsche draußen aufhängen, weil sie dann zwar trocken wurde — aber auch schwarz!«

Robin und Nora verzogen die Gesichter. »Iiiih«, machte Robin. »Das ist ja eklig!«

»Ja, wirklich«, stimmte Oma Traudel zu. »Ich kann mich auch noch an rußige Fensterbänke und vor
allem stinkende Flüsse erinnern. Brrr!« Sie schüttelte sich angewidert. »Damals hätte ich nicht gedacht,
dass das noch mal anders wird.«

»Immerhin gab sich NRW Mühe, das zu ändern: Schon seit 1962 gab es ein erstes Gesetz, das den
Ausstoß von Schadstoffen regeln sollte — das **Immissionsschutzgesetz**«, bemerkte Onkel Konrad.
»Das Motto jener Zeit lautete: Der Himmel über der Ruhr muss wieder blau werden. Mit diesem Gesetz
spielte NRW wieder einmal eine **Vorreiterrolle** in der Bundesrepublik. Aber entsprechend der techni-
schen Entwicklungen hat man es im Lauf der Zeit immer wieder ergänzt und angepasst — und wird
dies wohl auch in Zukunft immer wieder tun müssen.«

»Jedenfalls war es kein Wunder, dass die Leute hier Fernweh bekamen und wegfahren wollten«, meinte Papa. »Nach Italien zum Beispiel. Das war doch damals ein Traumreiseziel, nicht wahr?«

»Allerdings«, bestätigte Oma Traudel. »Und Eis, Pizza und Spaghetti fanden natürlich alle toll. Auf der anderen Seite muss man leider sagen, dass es damals mit der **Integration** der Gastarbeiter, die ja zu der Zeit vor allem aus Italien und Spanien kamen, nicht gerade rosig aussah.«

»Aber übers **Essen** sind die Leute sich dann doch ein kleines bisschen näher gekommen — habe ich jedenfalls gehört.« Es war Max, der Cousin von Nora und Robin, der sich nun zum ersten Mal ins Gespräch einschaltete. Er hatte als Einziger in der Runde beobachtet, dass Tante Cilly und Willi sich über die Bratenhäppchen angefreundet hatten. »In Duisburg soll es die erste Pizzeria von NRW gegeben haben. Darüber gibt es sogar einen Kinofilm.«

»Ja, das stimmt«, bestätigte Onkel Konrad. »Die Pizzeria wurde 1964 eröffnet. Ich habe genau dort meine erste **Pizza** gegessen — wenn auch nicht gleich im ersten Jahr. Aber ich kann mich noch gut erinnern, wie diese Pizza schmeckte. Zuerst ein bisschen fremd. Aber dann einfach himmlisch!«

»1964?«, sagte jetzt Tante Cilly nachdenklich. »Da kann ich mich nur an eins erinnern: dass der 1. FC Köln deutscher Meister wurde. Nachdem im Jahr zuvor die Bundesliga gegründet worden war.« Und sie nutzte die allgemeine Verblüffung über ihre genauen Fußball-Kenntnisse, um Willi schnell noch ein paar Bratenhäppchen zukommen zu lassen.

Uroma Kitty schüttelte den Kopf. »Das hätte ich im Leben nicht mehr gewusst!«,

36

sagte sie. »Aber dass im Jahr 1965 die englische **Queen** Elizabeth II. zum ersten Mal nach Deutschland kam, und zwar zu uns, nach NRW, in die damalige Bundeshauptstadt Bonn — daran kann ich mich noch erinnern. Das war dieselbe Lady, die bis heute Königin von England ist«, wandte sie sich an Nora und Robin.

»Na ja«, meinte Robin und grinste seine Urgroßmutter an. »Du bist ja auch noch dieselbe Uroma wie früher, oder?«

»Also, Konrad? Du warst in Duisburg Pizza essen?«, nahm Opa Api den vorherigen Faden schließlich wieder auf. »Wie bist du denn dahin gekommen? Soviel ich weiß, hast du doch an der Ruhr-Universität Bochum studiert. Der ersten neu gegründeten Universität in unserem Bundesland.«

»Stimmt, an die noch neuere Uni Dortmund konnte ich nicht«, antwortete Onkel Konrad mit einem Grinsen. »Da wäre ich jeden Tag meinem Bruder begegnet. Und nach Duisburg sind wir damals per Anhalter gefahren, meine Freundin Eva und ich. Nur, um eine Pizza zu essen und um anschließend in unserer **Kommune** mitreden zu können.«

»In der Kommune? Was ist denn eine Kommune?«, flüsterte Robin Nora zu.

»Keine Ahnung«, antwortete Nora.

»Vielleicht hat es auch etwas mit Sport zu tun?«, überlegte Robin.

»Wieso?«

»Na, denk mal nach: Tante Cilly ist Fußballfan, Uropa Hans hatte geflügelte Rennpferde«, zählte er auf.

»Nee, mit Sport hat es nichts zu tun«, flüsterte Nora.

»Eher mit **Politik** — so wie ich Onkel Konrad einschätze ...«

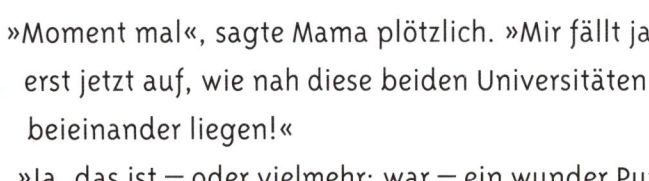

»Moment mal«, sagte Mama plötzlich. »Mir fällt ja erst jetzt auf, wie nah diese beiden Universitäten beieinander liegen!«

»Ja, das ist — oder vielmehr: war — ein wunder Punkt in den Herzen der Dortmunder«, lachte Onkel Konrad. »Eigentlich hätte die Ruhr-Universität nämlich in Dortmund stehen sollen. Dann aber bekam das benachbarte Bochum den Zuschlag für den Bau.«

»Die Regierung von NRW hatte erkannt, dass **Bildung** sehr wichtig für die Zukunft des jungen Bundeslandes war«, erklärte Opa Api. »Bisher hatte NRW nur drei Universitäten: in Bonn, in Münster und in Köln. Dazu kamen die technische Hochschule in Aachen, eine medizinische Hochschule in Düsseldorf, die Sporthochschule in Köln und drei Musikhochschulen in Köln, Detmold und Düsseldorf. Mittlerweile aber reichten diese Hochschulen für die enorme Einwohnerzahl des Landes nicht mehr aus. Außerdem wurde klar, dass man bald mehr Arbeitnehmer mit einer wissenschaftlichen Ausbildung brauchen würde. Und nicht zuletzt wollte man einfach mehr Menschen aus allen Teilen der Bevölkerung an die Hochschulen bringen«, schloss er. »Dazu gründete das Land NRW allein in den 60er-Jahren vier neue **Universitäten**, in Bochum, Dortmund, Düsseldorf und Bielefeld.«

»Das klingt fast nach einer neuen ›Industrie‹ für das Bundesland, nach einer ›Denkfabrik NRW‹«, warf Papa nun ein. »Und nach viel kritischer und eigenständiger Kopfarbeit, die unter den Studenten und Studentinnen zusammenkam.«

»Du hast recht, Frank«, antwortete Onkel Konrad. »Man kann sagen: Mit dem Zugang zur Bildung lernten immer mehr Menschen das selbständige Denken. Und schon bald lehnten sich viele junge Leute auf: gegen die aktuelle Politik und gegen das, was sie als ›etablierte Gesellschaft‹ bezeichneten, gegen die Welt des Bürgertums und der Wirtschaft.«

»Und das waren für dich Goldene Zeiten, nicht wahr?«, frotzelte Opa Api. »Der Beat, die APO und deine Kommune.«

Robin stieß seine Schwester in die Seite. »Da ist dieses komische Wort schon wieder«, flüsterte er. »Meinst du nicht, es hat doch etwas mit Sport zu tun? Außerdem: Onkel Konrad hat doch gesagt, seine Freundin hieß Eva. Wer ist denn jetzt diese Apo?«

»Psst!«, machte Nora aber nur und legte einen Finger auf die Lippen. Denn Onkel Konrad schmunzelte breit. Und als hätte er Robins leise Frage gehört, begann er seinen Bericht mit einem weit ausholenden »Also, das war so …«.

Universität Bielefeld

Von Beat und Prilblumen
oder:
Die Wohlstandsgesellschaft

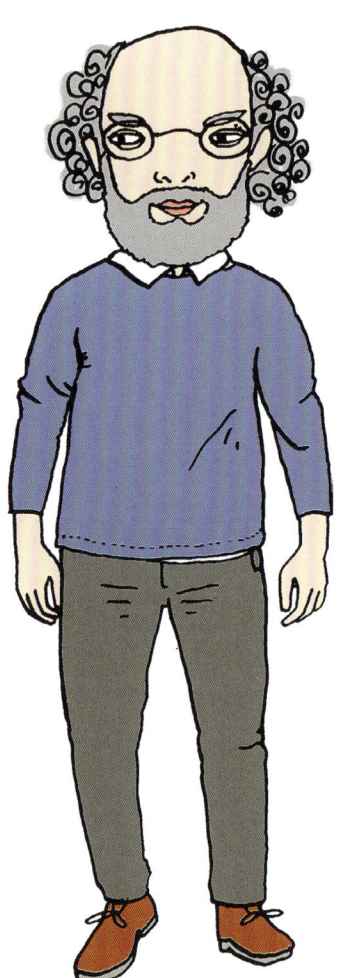

»Die 6oer-Jahre stehen für einen wichtigen **Wendepunkt** in der Geschichte Deutschlands. Dieser Wendepunkt hat viel mit der Jugendkultur zu tun«, begann **Onkel Konrad**.

»Mit der Jugendkultur?«, fragte Robin. Er rechnete noch immer fest damit, dass es bei dem, was Onkel Konrad zu erzählen hatte, schließlich doch um Sport ging.

»Ja. Und dass diese **Jugendkultur** so stark werden konnte und schließlich sogar politischen Einfluss hatte, lag — unter anderem — am mittlerweile etwas größeren zeitlichen Abstand zum Zweiten Weltkrieg«, fuhr Onkel Konrad fort. »Man muss sich klarmachen, dass der Krieg gerade unter jungen Männern viele Opfer gefordert hatte. Dadurch war die Gruppe der Männer und Frauen, die im Jahr 1946 zwischen 18 und 30 Jahre alt waren, etwa genauso groß wie die Gruppe der 48- bis 60-Jährigen. Es herrschte also ein Gleichgewicht zwischen den älteren Leuten, die im Allgemeinen weniger Veränderungen wollen, und den jüngeren, die gern frischen **Wind** in die Gesellschaft bringen. Erst mit dem Heranwachsen der Kinder, die nach dem Zweiten Weltkrieg geboren worden waren, gab es wieder mehr junge Leute als ältere. Damit konnten die Jugendlichen und jungen Erwachsenen überhaupt erst wieder ihre Kraft entfalten, um Veränderungen herbeizuführen«, schloss er. »Etwa in der Mitte der 60er-Jahre war es also soweit«, fuhr er dann wieder fort. »Und hier in NRW wurde dies durch einen ganz besonderen Paukenschlag unterstrichen: Durch den Auftritt der **Beatles** 1966 in Essen!«

»Die Beatles? Wer sind die Beatles?«, flüsterte Nora ihrem Bruder zu.

»Ich würde sagen: Eine Band aus der Steinzeit. Genauso wie die Rolling Stones«, antwortete Robin.

»Die Beatles gehörten aber doch nicht zur politischen Bewegung oder zur Protestbewegung der Jugendlichen«, warf Cousin Max ein. »Die waren doch total brav! Zu der Zeit jedenfalls noch. Die **Rolling Stones** waren von Anfang an eine ganz andere Nummer!«

»Das stimmt«, pflichtete Onkel Konrad bei. »Und die gaben sogar schon vor den Beatles ein Konzert in NRW, am 11. September 1965 nämlich. In Münster.«

»Ich erinnere mich«, gab Opa Api zu. »Die Stones galten als die ›härteste Band der Welt‹. Sie waren ein regelrechter **Bürgerschreck**!

Und vorsichtshalber hatte man die Polizeipräsidenten aus allen Städten, in denen die Stones noch auftreten sollten, ins Publikum gesetzt. Damit sie wussten, was noch auf sie zukam. Insgesamt dauerte das Konzert aber nur eine knappe halbe Stunde.«

»Das Konzert der Beatles, das etwas mehr als ein halbes Jahr später in Essen stattfand, dauerte auch nicht länger«, erwiderte Onkel Konrad. »Während die Stones von der Presse aber eher abgelehnt wurden, wurde zumindest der Auftritt der Beatles in München sogar vom **Fernsehen** aufgezeichnet. Das ist ein Zeichen dafür, dass diese Band damals von den Deutschen besser akzeptiert wurde.«

41

Opa Api wiegte den Kopf. »Mag sein«, lenkte er ein. »Dennoch waren auch die Beatles für unser Land damals schon ziemlich revolutionär. Der **Beat** war eine ganz neue Musikrichtung, die die Jugend elektrisierte und die die älteren Leute ablehnten. Er prägte dann aber die kommenden Jahrzehnte. Die Frisuren, die sogenannten **Pilzköpfe**, aus denen bald richtig lange Haare wurden, das Eintreten der Beatles für ›Love and Peace‹ – Liebe und Frieden –, all das war neu und für viele junge Leute ein Vorbild.«

»Ein Vorbild? Was sollte denn daran ein Vorbild sein?«, schaltete sich Uropa Hans empört ein. Er war noch wach, während Tante Cilly und Uroma Kitty nach einem Gläschen Sekt und den Bratenhäppchen ein wenig eingenickt waren. Auch Willi hatte schon wieder die Augen zu.

»**Gammler** sind dabei herausgekommen! Mit ihren langen Haaren und in Jeans und Parka saßen sie einfach nur faul rum, nachdem die Generationen vorher das Land wieder aufgebaut hatten. Und dann erklärten sie auch noch gerade heraus, überhaupt nicht arbeiten zu wollen – während wir Älteren gegen das Zechensterben kämpften und um unsere Arbeitsplätze bangten!« Uropa Hans hatte sich richtig in Fahrt geredet.

Opa Api grinste und sah zwischen seinem Bruder und seinem Vater hin und her. »Das klingt ja fast wie unsere Diskussionen früher, sonntags am Mittagstisch.«

Auch Onkel Konrad lächelte. »Du gibst sehr passend den Konflikt wieder, der damals entbrannte«, gab er Uropa Hans zur Antwort. Dann wandte er sich wieder an Nora und Robin.

»Die Gammler kritisierten genau das, worauf die Generation ihrer Eltern so stolz war: das **Leistungsdenken** und den wachsenden **Konsum**. Klar, dass das Ärger gab.« Er lächelte noch immer und erinnerte sich offenbar gerne an diese Zeit.

»Aber die Gammler waren alles andere als dumm oder einfach nur faul. Heute würde man sagen, sie waren **Aussteiger**. Viele von ihnen waren Studenten. Und sie hatten offenbar ein paar Grundprobleme erkannt: zum Beispiel, dass die Städte nicht mehr für die Menschen geplant wurden, sondern für den wachsenden **Verkehr**. Die heutige Bundesautobahn 40, die hauptsächlich in den 60er- und 70er-Jahren entstand und teils mitten durch die Wohngebiete in den Städten des Ruhrgebiets führt, ist ein gutes Beispiel dafür.«

»Das ist doch schrecklich, wenn man plötzlich an so einer Straße wohnen muss«, warf Oma Traudel kopfschüttelnd ein.

»Außerdem erklärten die Gammler, dass der Konsum nicht das ist, was einen Menschen wirklich glücklich macht«, fuhr Onkel Konrad fort. »Damit waren sie gedanklich nah an der amerikanischen Hippiebewegung mit ihrer **Flower-Power**-Philosophie.«

»Flower-Power?«, fragte Robin. »Die Macht der Blumen? Das verstehe ich nicht. Hat das etwas mit Ökologie zu tun?«

»Nein«, antwortete Onkel Konrad lachend. »Der Begriff Flower-Power steht eher für Gewaltfreiheit. Und für Fröhlichkeit, Zuversicht und Lebensfreude.«

»Womit du genau das erwähnst, was die Industrie von der Flower-Power-Welle so gerne aufgegriffen hat«, warf Tante Petra ein. »Ganz Deutschland ist damals von NRW aus mit Flower-Power geradezu überschwemmt — oder besser gesagt: beklebt worden.«

Sie blickte erwartungsvoll in die Runde, aber niemand ahnte, worauf sie hinauswollte. »Mit der Prilblume«, ließ sie die Katze aus dem Sack.

»Die hat die Firma Henkel in Düsseldorf im Jahr 1972 für ihre Werbekampagne ›Fröhliche Küche‹ entwickelt. Und es gibt diesen Aufkleber in den typischen leuchtenden Farben der 70er-Jahre bis heute.«

»Es ist schon interessant«, sagte Oma Traudel nachdenklich, »dass diese **Werbeblumen** genau in einer Zeit auf den Markt kamen, als unsere Flüsse mit

43

Spitznamen wie ›schwarze Emscher‹ und ›tote Ruhr‹ bezeichnet wurden. Offenbar waren diese Aufkleber so begehrt, weil die Menschen Sehnsucht nach **Natur** hatten.«

»Möglicherweise«, stimmte Tante Petra zu. »Und sie kamen in einer Zeit auf, in der immer mehr Frauen mit ihrer Rolle in der Familie und im Haushalt nicht mehr einverstanden waren«, fuhr sie fort. »Die Prilblume sollte die Küche als Arbeitsplatz angenehmer machen. Aber einen Mann mit Spülbürste in der Hand konnte man zu dieser Zeit noch in keiner Anzeige sehen. Und in den Küchen auch nur sehr selten.«

»Wie? Hast du deine Freundin Apo etwa allein abspülen lassen?« Robin sah jetzt seinen Onkel Konrad entrüstet an.

Der guckte reichlich verdattert zurück. »Äh … Meine damalige Freundin hieß Eva.«

»Aber du hast doch vorhin irgendetwas von ›der Apo‹ gesagt«, wandte Nora sich an Opa Api. Jetzt lachten sich die Brüder Konrad und Api an.

»APO ist eine Abkürzung. Sie steht für **Außerparlamentarische Opposition**«, streute Mama ein.

»Die ›Opposition‹ sind kurz gesagt alle die, die nicht regieren und die mit dem, was die Regierung tut, nicht einverstanden sind. ›Außerparlamentarisch‹ bedeutet, dass diese Andersdenkenden nicht mit den Politikern im Regierungssaal sitzen. Die APO war also keine Opposition im Bundestag, sondern eine politische Bewegung, die sich unabhängig von den gewählten Volksvertretern direkt aus der Gesellschaft heraus entwickelte. Auffallend viele **Studenten** sammelten sich in ihr. Leute eben, die durch ihr Studium das eigenständige Denken lernten, und die sich gegen zu festgelegte Strukturen wehrten. Und die einerseits mit der Politik an den Hochschulen nicht zufrieden waren, die sie ja unmittelbar betraf, andererseits aber auch nicht mit der Bundespolitik unter dem damaligen Bundeskanzler **Kurt Georg Kiesinger**.«

»Dann müsste zu der Zeit in Bonn ja ordentlich etwas los gewesen sein«, meinte Max. »Dort wurde die Politik doch gemacht.«

Onkel Konrad wiegte den Kopf. »Ja und nein. Tatsächlich gab es im Jahr
1968 einen ›Sternmarsch‹ nach Bonn«, erzählte er. »70 000 Leute aus allen
möglichen Regionen der gesamten Bundesrepublik zogen Richtung
Rheinland! Unsere ganze Kommune ging damals mit«, wandte er
sich lächelnd an Robin. »Mit Sport hat dieser Begriff übrigens
nichts zu tun. Und ich meine damit auch keine Stadt oder keinen Kreis —
dafür verwendet man nämlich in der Politik auch das Wort Kommune. So nannte
man damals die **Wohngemeinschaften**, in denen allen alles gehörte, und in denen
über alles, was gemeinsam unternommen wurde, abgestimmt wurde. Eine feste Gemein-
schaft unter **Gleichberechtigten** sollte es sein. Auch das war wieder total revolutionär!
Und vor allem, dass hier Männer und Frauen ohne Trauschein zusammen lebten!
So etwas war damals ein ziemlicher Skandal.« Er lachte wieder und seine Augen
leuchteten. »Aber zurück zum Sternmarsch auf Bonn: Man muss wohl sagen,
dass sich die sogenannte Studentenbewegung, und damit auch die APO,
eher an anderen Universitäten als an den NRW-Unis abgespielt hat.
Die Berliner warfen den Kölnern sogar vor: ›Berlin brennt — und Köln
pennt.‹«

»Eigentlich ist das erstaunlich«, grübelte Opa Api.
»Denn NRW hatte ja gegen Ende der 60er-Jahre mehr
Universitäten als jedes andere Bundesland.«
»Ich hätte da eine Erklärung anzubieten«, sagte Onkel Konrad
zögernd. »Ich muss aber zugeben, sie ist gewagt.«
»Immer heraus mit der Sprache«, ermunterte Opa Api seinen Zwillingsbruder.
Und man merkte ihm an, dass das Diskutieren der Sport war, für den die
beiden immer schon Feuer fingen.

Eva ♥ 1972

»Seit der Landtagswahl im Jahr 1966 wurde das Land NRW von einer sogenannten sozialliberalen **Koalition** regiert — von zwei Parteien also, die
sich zusammengeschlossen hatten«, holte Onkel Konrad aus. »Man muss
sich das so vorstellen: Während es in der Bundesregierung seit der Gründung der Bundesrepublik immer einen **Kanzler** der eher konservativen
CDU gegeben hatte, stellte nun in NRW die SPD, also die sogenannten
Linken den Ministerpräsidenten und regierte zusammen mit der libera-
len FDP. Die CDU war damit in die Opposition geraten. Schon damals galten Wahlen in
NRW — dem bevölkerungsreichsten Bundesland — als wichtige Anzeiger für den **Wahltrend** bei der
nächsten gesamtdeutschen Wahl. Mit dem Ergebnis in NRW hatte die SPD, also die Sozialdemokraten
einen erheblichen Sieg errungen — was die Studentenbewegung, die ja ebenfalls eine ›linke‹ Bewegung war, mit Freude zur Kenntnis nahm. Vielleicht waren die Studenten in NRW deswegen etwas
weniger aktiv als ihre Kolleginnen und Kollegen im übrigen Bundesgebiet.«
Eigentlich hatten Nora und Robin — die nicht so ganz mitgekommen waren bei der
Erklärung des **Regierungwechsels** — jetzt ein wildes Redegefecht zwischen Onkel
Konrad und Opa Api erwartet. Doch stattdessen hörte man plötzlich ein feines Säuseln
und Pusten. Uropa Hans hatte sich dem Vorbild Tante Cillys und seiner Ehefrau ange-
schlossen und schlief nun ebenfalls. Und auch Willi träumte wieder leise fiepend.
»Und was ist aus Eva geworden?«, fragte Nora nun leise in die schläfrige Stille hinein.
»Die lebt heute in Indien«, antwortete Onkel Konrad. »In der Stadt Pune, etwa 150 Kilometer
von Mumbai entfernt. Wir sind nach dem Studium gemeinsam dort hingefahren. Zurück kam ich aber
allein.« Er lächelte wieder. »Und seitdem lebe ich mehr oder weniger als Single.«
»Dass Eva in Indien geblieben ist, lag aber nicht daran, dass ihr nicht verheiratet wart«, sagte Oma
Traudel nun schnell. »Vermutlich hättet Ihr euch auch mit Trauschein getrennt. Ich denke, es hatte
eher damit zu tun, dass die **Frauen** in den 60er-Jahren ein neues Verständnis von ihrer Rolle in der

Gesellschaft entwickelten«, fuhr sie nach einem kurzen, nachdenklichen Moment fort. »Sie sahen im traditionellen Dasein als Hausfrau und Mutter nicht mehr ihre Erfüllung. Auch das kam aus der Studentenbewegung. Mir ging es ja genauso. Es kam wie eine Art Welle über uns alle – über die Frauen und die gesamte Gesellschaft«, erinnerte sie sich und kniff konzentriert die Augen zusammen. »Zwischen 1960 und 1970 verdoppelte sich die Zahl der Studentinnen an den deutschen Universitäten – entsprechend viele junge Frauen gab es bei den zahlreichen Hochschulen darum auch gerade wieder in NRW. Und die Frauen mit **Hochschulabschluss** wollten nun mal nicht mehr bloß ›Heimchen am Herd‹ sein. Trotz der Prilblumen.«

Oma Traudel nickte bestätigend und erklärte dann weiter: »Ja, so war es. Mit der Emanzipation der Frau wurden nach und nach alle **Rollenbilder** hinterfragt. Sogar das Rollenbild der Kinder. Das merkte ich als junge Erzieherin ganz besonders. Man begann ihnen mehr zuzutrauen, ließ sie selbstständiger sein – eben auch, weil sich das Familienbild änderte und mehr Frauen als früher wieder arbeiten gehen wollten«, erklärte sie. »Auch das Fernsehen zum Beispiel produzierte mit einem Mal ganz neue, andere Sendungen für Kinder als zuvor. Sendungen, die nicht nur nette Geschichten erzählten, sondern informativ und manchmal auch kritisch waren. Wie ›Die Sendung mit der Maus‹. 1971 strahlte die ARD zum ersten Mal diese vom WDR mitproduzierte Sendung aus. Und sie läuft bis heute!«

»Und aus Deutschland hinaus hat die Maus es auch längst geschafft«, fügte Papa nun wiederum hinzu.

Nora sah ihren Vater fragend an. »Wie – aus Deutschland hinaus?«

»Erstens wird die Sendung heute teilweise im Ausland ausgestrahlt«, zählte Papa auf. »Zweitens ist die Maus schon um die **Welt** geflogen«, fuhr er mit einem Schmunzeln fort. »Sie stand sozusagen neben dem Heckeinstieg des Flugzeugs, dessen Entstehung in mehreren Folgen der ›Sendung mit der Maus‹ gezeigt wurde. Und als Plüschtier ist sie außerdem schon zweimal mit einem Astronauten ins **All** geflogen.«

»Was? Die Astronauten nehmen also ihre Kuscheltiere mit ins All?« Nora sah ihren Vater ungläubig und ein wenig spöttisch an. »Das hätte ich wirklich nie gedacht!«

»Wenn wir heute schon so viel von früher reden, will ich aber auch noch mal etwas erzählen.« Uroma Kitty hatte ihr Nickerchen offenbar beendet, während Tante Cilly und Uropa Hans in geschwisterlicher Eintracht noch eine Runde weiterschliefen, begleitet von Willi, der sich gemütlich zusammengerollt hatte. Nur eine Pfote streckte er aus. Mit der berührte er Tante Cillys Schuh. Es sah aus, als wollte er mit ihr Händchen halten. Ein Traumpaar!

»Wir haben doch davon gesprochen, dass Konrad Adenauer, der erste **Bundeskanzler** der Bundesrepublik Deutschland, ganz in der Nähe von Bonn wohnte. Erinnert ihr euch?«, fragte sie Nora und Robin.

Die Geschwister nickten eifrig. »Klar, ungefähr am Drachenfels«, bestätigte Nora. »Dahin haben wir schon gefühlte 100 Klassenausflüge gemacht.«

»Geboren war Konrad Adenauer ja in Köln, und er war auch lange Zeit **Oberbürgermeister** dieser Stadt gewesen«, fuhr Uroma Kitty fort. »Als er 1967 im Alter von 91 Jahren starb, war er schon seit einigen Jahren nicht mehr Bundeskanzler — aber er bekam ein **Staatsbegräbnis**, wie es bis heute alle ehemaligen Bundeskanzler und Bundespräsidenten bekommen. Ich gebe zu«, fügte sie mit einem Seufzen ein, »die militärische Atmosphäre, die bei solchen Begräbnissen herrscht, und die bei Adenauers Beerdigung noch strenger war als heutzutage — das passt für mich nicht zu einem solchen Moment. Wenn ich aber daran denke, dass Adenauer wenigstens im Tod noch einmal in seiner Heimatstadt Köln war, dass seine Totenmesse im Dom gefeiert wurde und sein Sarg anschließend zur Beerdigung mit Schiffen über den Rhein nach Rhöndorf gebracht wurde — dann kommen mir die Tränen.« Und sie musste sich schnell ein Taschentuch an die Augen drücken.

Auch Nora hatte plötzlich wieder einen Kloß im Hals. Ihr war nun endgültig klar geworden, wie sehr Uroma Kitty bis heute an ihrer Heimat hing, die sie unfreiwillig verlassen hatte. Und wie schwer es für sie war, dass sie diese Heimat wegen ihres hohen Alters wohl nicht mehr wiedersehen würde. Nora sprang auf, lief zu ihrer Uroma hinüber, nahm sie in die Arme und drückte ihr einen Kuss auf die Wange. Dann setzte sie sich wieder hin und wischte sich klammheimlich ebenfalls ein kleines Tränchen aus dem Augenwinkel.

»Dafür gab es aber im Jahr 1972 etwas sehr Bewegendes und Schönes, das die Herzen in der ganzen Bundesrepublik höher schlagen ließ«, versuchte Mama die traurige Stimmung wieder zu verscheuchen. »Der Schriftsteller **Heinrich Böll**, wie Konrad Adenauer ein gebürtiger Kölner, erhielt den **Nobelpreis** für Literatur.«

Cousin Max sah seine Tante an. »Klar, da waren die Kölner wieder mal stolz auf diesen großen Sohn der Stadt«, bemerkte er ein wenig spöttisch. »Wenn er wohl auch nicht immer bequem war. Vor Kurzem habe ich einen älteren Text von Heinrich Böll in einer Zeitung gelesen. Eine Rede, die er auf einer Demo gehalten hat.«

»Das muss eine der **Friedensdemos** der 80er-Jahre in Bonn gewesen sein«, meinte Mama. »Die kenne ich aber auch nur aus dem Geschichtsbuch.«

»Böll war immer ein Mensch, der sich eingemischt hat, im besten Sinne«, meldete sich nun Onkel Konrad wieder zu Wort. »Er war kritisch. Und er benannte die Missstände seiner Zeit — von der großen Politik bis hin zum mangelnden Umweltschutz.«

»Genau dieser mangelnde **Umweltschutz** machte in den frühen 70er-Jahren den Menschen das Leben ja auch richtig schwer«, pflichtete Opa Api nun wieder bei. »Und sehr wahrscheinlich auch noch den Menschen der Zukunft. Der Keim des Klimawandels, von dem wir heute sprechen, wurde schon damals gesät. Ich erinnere mich jedenfalls gut an den **Smog**. Das war eine dichte Wolkendecke über den Städten des Ruhrgebiets, unter der die Abgase der Industrie und der Haushalte nicht abziehen konnten. Damals produzierte der WDR den Spielfilm ›Smog‹ zu

Heinrich Böll

SMOG!

diesem Thema, und als der Film ausgestrahlt wurde, glaubten viele Menschen, er sei ein aktueller Beitrag zur tatsächlichen Lage.«

»Ja, wirklich, die Umweltbedingungen, unter denen die Menschen vor allem im Ruhrgebiet damals lebten, würden heute als Körperverletzung gelten«, stellte Onkel Konrad fest. »Da fand ich es fast eine Wohltat, als plötzlich die **Energie-krise** kam. Die Regierung beschränkte das Tempo auf den Autobahnen, um Benzin zu sparen, und ein **Sonntagsfahrverbot** wurde eingeführt. Damit wurde wenigstens ein bisschen weniger Dreck in die Luft gepustet! Das war ein irres Gefühl«, erinnerte er sich lächelnd. »Die leeren Autobahnen wurden zu Fahrrad- und Rollschuhpisten.«

»Außerdem wurden nach Weihnachten die Schulferien um einige Tage verlängert«, ergänzte Oma Traudel. »Damit man die Heizungen in den Schulen und einigen Kindergärten länger ausgeschaltet lassen konnte.«

Robin machte große Augen. »Paradiesisch …«, hauchte er.

»Ja, paradiesisch«, stimmte Onkel Konrad zu. »Und man kann sagen, dass durch die Smog-Erfahrung einige Entwicklungen vorangetrieben wurden: Die **Abgasregelungen** für die Industrie wurden nach und nach verschärft und auch die Regelungen für die Öfen und Heizungen der Privatwohnungen. Außerdem begann man an der Einführung des **Katalysators** zu arbeiten, einer Vorrichtung, die viele Schadstoffe aus den Abgasen der Automotoren filtert. Heute werden keine Autos ohne Kataly-satoren mehr hergestellt.«

»Das ist natürlich ein großes Plus«, stimmte Oma Traudel zu. »Andererseits erlebte die Atomindustrie durch die Energie- und Umweltkrise einen beträchtlichen Aufschwung. Weil man sie damals noch für umweltfreundlicher hielt«, berichtete sie. »Die Landesregierung von NRW beschloss im Jahr 1973 den Bau eines **Atomkraftwerks** in der Stadt **Kalkar** am Niederrhein.«

Unwillkürlich verdrehte Opa Api die Augen. »Erinnere mich nicht daran! Wir waren doch eben erst nach Xanten gezogen. Mit Petra, die gerade vier Jahre alt war!«

»Wie, nach Xanten?«, fragte Nora verdattert. »Ich denke, ihr wart in Münster, bevor ihr nach Paderborn gezogen seid?«

Jetzt sahen Opa Api und Oma Traudel sich an — und Nora hätte schwören können, dass sie noch immer ineinander verliebt waren.

»In Münster haben wir uns kennengelernt, als ich dort einen Freund von der Uni besucht habe«, erklärte Opa Api liebevoll. »Als wir nach Xanten gingen, waren wir schon verheiratet und eine Familie. Nach Paderborn sind wir dann erst später gezogen.«

»Anders wäre es auch nicht denkbar gewesen: unverheiratet, meine ich«, streute Oma Traudel amüsiert ein. »Meine Eltern hätte der Schlag getroffen. Es war damals selbstverständlich, dass Api und ich heirateten, bevor wir zusammenzogen.«

»Immerhin haben wir uns in eurer Zeit in Xanten äußerst regelmäßig gesehen«, meinte Onkel Konrad mit einem Grinsen. »Ich hatte dort ja dann öfter zu tun.«

»Stimmt — du hast keine Demo gegen den ›**Schnellen Brüter**‹ ausgelassen«, sagte Oma Traudel lachend.

»Und ich würde es immer wieder tun — wenn es das Ding noch gäbe«, setzte Onkel Konrad voller Überzeugung hinterher.

»Konrad, Konrad«, machte Opa Api den besorgten Tonfall nach, den Uropa Hans gegenüber seinem Sohn bis heute noch manchmal anschlug, und hob zum Spaß drohend den Finger. »Du bist und bleibst ein **Revoluzzer**!«

Gelebte Demokratie
oder:
Von Bürgerprotesten und Atomkraftwerken

»Wirklich, Konrad, du und deine Freunde, ihr habt in diesen Jahren ja keine Demo ausgelassen«, bekräftigte **Opa Api** noch mal. »Aber auch wenn wir nicht immer einer Meinung waren, bin ich dir trotzdem dankbar. Die Studentenbewegung hat eine **Demonstrationskultur** in Gang gesetzt. Ich würde fast sagen, sie hat die Demokratie ›ans Laufen gebracht‹. Im September 1977 protestierten 100 000 Menschen gegen das Atomkraftwerk in Kalkar. Es war die größte Demonstration, die es bis dahin in Deutschland gegeben hatte.«

Onkel Konrad lächelte geschmeichelt, als hätte er die Demonstration persönlich angeführt. »Ja, was ab 1968 und bis in die 70er-Jahre hinein in Deutschland passierte, war tatsächlich ein **gesellschaftlicher Umbruch**, wie man ihn bis dahin kaum kannte. Und dieser Umbruch hat dazu geführt, dass nicht nur Menschen mit guter Bildung die Möglichkeiten nutzten, die die Demokratie ihnen bot, sondern dass sich viele Bevölkerungsgruppen, die bislang am Rand der Gesellschaft

standen, ebenfalls emanzipierten, das heißt, von einer gewissen Form der Unterdrückung befreien konnten.«

»Oh ja!«, pflichtete **Oma Traudel** begeistert bei. »Wir Frauen zum Beispiel. Auch wenn die, die sich von dem alten Rollenbild ›Küche und Kinder‹ befreiten, von vielen herablassend ›Emanzen‹ genannt wurden — meine Freundinnen und ich waren mit die Ersten, die in Xanten zum Kiosk liefen, um dort die ›Emma‹ zu kaufen: die erste ›neue‹ **Frauenzeitschrift**, die 1977 in Köln gegründet wurde.«

»Und die habt ihr dann in die Brusttaschen eurer selbstgefärbten lila Maler-Latzhosen gesteckt«, fügte Onkel Konrad grinsend hinzu.

»Die waren damals topmodisch!«, erwiderte Oma Traudel, ebenfalls grinsend. »In unseren Kreisen zumindest.«

»Es gab aber noch andere Gruppen, die plötzlich mehr Selbstwertgefühl entwickelten«, fuhr Onkel Konrad fort. »Im Jahr 1975 zum Beispiel gab es einen ersten **Ausländerkongress** in Bochum. Bei diesem Kongress ging es vor allem darum, dass die vielen ausländischen Arbeitnehmer in NRW noch immer nicht richtig in die Gesellschaft integriert waren. Und ebenfalls im Jahr 1975 wurden in Wuppertal die **Grauen Panther** gegründet, eine Partei, die die Interessen älterer Menschen vertrat.«

»Das ist ein gutes Stichwort«, meldete sich in diesem Moment Uropa Hans zu Wort. »Ich möchte mal für die Interessen der alten Menschen in unserer kleinen Gesellschaft sprechen: Im Zimmer nebenan gibt's Mittagessen.«

»Mittagessen?«, fragte Nora entgeistert. »Es gab doch gerade erst Häppchen und etwas zu trinken!«

»Das war doch nichts Richtiges«, meinte ihr Bruder Robin. Und genau wie Willi sprang er auf und lief mit ihm voran in das Nebenzimmer, wo eine festlich gedeckte Tafel auf die Familie wartete.

»Also, wenn ich so an die Mitte der 70er-Jahre denke, dann kommt es mir vor wie ein Leben auf der Überholspur«, fuhr Uropa Hans fort, während die gesamte Familie rund um den Mittagstisch Platz nahm. »Für die anderen jedenfalls. Für uns Leute aus der Kohle- und Stahlindustrie« — er schüttelte traurig den Kopf — »blieb es schwierig. Auch die Forderungen unserer Landespolitiker nach Unterstützung durch die Bundespolitik hatten nichts genützt. Kohle und Stahl schrumpften weiter. Wohl dem Kumpel, der in der **Autoindustrie** untergekommen war. Da gab es noch Arbeit!«

»Das verstehe ich jetzt aber nicht«, antwortete Robin. »Wo doch zu Anfang der 70er mit der Ölkrise das Autofahren sogar verboten worden war. Ich hätte gewettet, dass die Leute nun weniger Autos kaufen würden.«

»Das wäre erst einmal die logische Konsequenz gewesen«, stimmte Papa zu. »Tatsächlich aber stellten sich die Autohersteller sehr rasch auf die neuen Bedingungen um. Dass die Leute nach wie vor Auto fahren wollten, der sogenannte **Individualverkehr** weiter eine große Rolle spielen würde, war klar. Durch die Energiekrise fragten die Kunden nun allerdings nach Autos, die weniger Benzin verbrauchten — und trotzdem komfortabel und bequem waren. Daher mussten die Autobauer sich etwas Neues einfallen lassen. Das wiederum brachte neue **Arbeitsplätze**. Auch bei den drei großen Autoherstellern in NRW.«

»Aber gelöst wurde die Stahl- und Kohlekrise dadurch offenbar auch nicht?«, schloss Nora.

»Nein«, antwortete Opa Api. »Und letzten Endes konnte sie auch nicht gelöst werden. Unser Bundesland musste sich damit abfinden, dass es eine Verschiebung auf dem Weltmarkt gegeben hatte, die sich nun auswirkte. Kohle und Stahl konnten aus anderen Ländern einfach zu einem billigeren Preis eingeführt werden, als die Herstellung bei uns kostete. Daher gab es, trotz des Auflebens der Autoindustrie, im Ruhrgebiet immer mehr Arbeitslose.«

»Aber NRW bestand doch schon damals nicht nur aus der Kohle-, Stahl- und Autoindustrie«, meldete sich Papa wieder zu Wort. »Was war mit der Chemie am Rhein? Oder mit dem Maschinenbau in Ostwestfalen?«

»Der **Chemie** und dem **Maschinenbau** ging es nach wie vor gut«, antwortete Opa Api. »Aber selbst diese ›gesunden‹ Industriezweige konnten die Arbeitslosigkeit und damit den wirtschaftlichen Rückschritt in unserem Bundesland nicht aufhalten. Daher begannen die Politiker gezielt damit, NRW als Standort für die **Wissenschaft** und neue **Technologien** auszubauen. Den Grundstein dazu hatten sie ja bereits in den späten 60er-Jahren gelegt: durch die Ansiedelung der zahlreichen Universitäten und Hochschulen in unserem Bundesland.«

»Übrigens begann es auch der alteingesessenen **Textilindustrie** in NRW in diesen Jahren schlechter zu gehen«, warf Tante Cilly ein.

Währenddessen trug Selina zusammen mit einer Kollegin das Essen auf. Willi sog den Duft der köstlichen Speisen tief ein. Dann verließ er seinen Platz zu Robins Füßen und ließ sich vertrauensvoll bei Tante Cilly nieder.

»Wir bekamen die billigeren **Importe** aus dem Ausland ebenso zu spüren wie die Stahlindustrie«, fuhr Tante Cilly fort. »Daher musste auch unsere Branche Arbeitsplätze abbauen, zumindest in der Produktion, bei den Nähereien, und auch noch einen Schritt davor, in den Spinnereien und Webereien. Was den Unternehmen in NRW aber blieb, waren die Bereiche Modedesign und Vertrieb, also unter anderem die Vermarktung und der Ein- und Verkauf der Kleidung. Ach, ich erinnere mich eigentlich gern an die Mode der 70er! Sie war so offen, so wenig festgelegt, so abwechslungsreich!«

Müngstener Brücke

»Wirklich? War sie das?«, fragte Nora. »Ich dachte, damals gab es vor allem spitze Kragen und Schlaghosen. Und vielleicht noch lange Röcke.«

»Nicht nur.« Tante Cilly schüttelte den Kopf. »Schon in der Mitte der 70er ging die Hippie- und Flower-Power-Modewelle merklich zurück. Jetzt kam eine Folklorewelle, mit weiten Röcken und bestickten Westen für die Frauen. Eigentlich —«, sie stutzte einen Moment, »... eigentlich wurde die Mode jetzt wieder betont weiblich. Obwohl die Emanzipation der Frau gerade noch ein so großes Thema gewesen war.«

»Das ist schon interessant«, schaltete sich nun Tante Petra wieder einmal ins Gespräch ein. »Nach dem Aufbruch der 68er und der Hippiemode ist diese Folkloremode doch irgendwie der Rückgriff auf etwas **Traditionelles**. Könnte das ein Zeichen dafür sein, dass der gesellschaftliche Schub, der Wille zu etwas Neuem, ins Stocken geraten war?«

Opa Api sah seine Tochter nachdenklich an. »Das ist schwer zu sagen«, antwortete er. »Richtig ist aber, dass bestimmte Dinge, die zehn Jahre zuvor noch revolutionär waren, nun ihren Platz in der Gesellschaft gefunden hatten. Ob es sich um Demonstrationen handelte, die längst nicht mehr so verrufen waren wie zu Beginn der Studentenbewegung, oder um die Emanzipation. Ja, es mag sein, dass es da das Gefühl gab, etwas erreicht zu haben. Und dass es eine gewisse **Zufriedenheit** gab.«

»Für weite Teile der Bevölkerung könnte das stimmen«, bestätigte Onkel Konrad nun. Er hatte bislang schweigend zugehört und gegessen und fast so unbeteiligt gewirkt wie Willi, der bei Tante Cilly unter dem Tisch saß und so unverdächtig auszusehen versuchte wie Tante Cilly selbst — nachdem Papa ihr mit einem Blick zu verstehen gegeben hatte, dass er es merken würde, wenn sie Willi wieder ganz nebenbei ein paar Happen zukommen ließe.

»Es gab allerdings auch einige Leute, die überhaupt nicht zufrieden waren«, fuhr Onkel Konrad fort. »Sie fanden, dass die Wirtschaft zu viel Einfluss auf die Politik Deutschlands hätte und die nationalsozialistische Vergangenheit in Deutschland nicht genügend aufgearbeitet worden wäre. Außerdem gab es zu der Zeit einen grausamer Krieg in **Vietnam**, der zwar sehr weit weg von unserem eigenen Land stattfand, in dem aber viele junge Leuten einen großen **Fehler** der Regierungen der westlichen Welt sahen. Im Jahr 1977 erschien dann plötzlich und unerwartet eine gewalttätige Gruppierung mit einem blutigen Paukenschlag auf der Bühne — mitten in Köln.«

Nora und Robin ließen ihr Besteck sinken und sahen ihren Onkel gespannt und gleichzeitig besorgt an.

»Es war der Beginn des **Deutschen Herbstes**, der heute als eine der schwersten Krisen der Bundesrepublik gilt«, fuhr Onkel Konrad fort. »Dass er in unserem Bundesland begann, liegt zu einem wesentlichen Teil daran, dass Bonn damals die provisorische Hauptstadt Deutschlands war. Von Bonn aus wurde die Republik regiert. Darum hatten sich in Bonn und in der unmittelbaren Nähe einige wichtige **Berufs- und Wirtschaftsverbände** angesiedelt. Zwei sehr einflussreiche Vereinigungen, der Bundesverband der Deutschen Industrie und die Bundesvereinigung der Deutschen Arbeitgeberverbände, hatten ihren Sitz in Köln. Am 5. September 1977 wurde der Vorsitzende dieser Verbände, **Hanns Martin Schleyer**, von Terroristen, die sich Rote Armee Fraktion nannten, entführt.

Etwa fünf Wochen später fand man ihn tot auf. Die Terroristen hatten ihn erschossen, weil ihr Versuch gescheitert war, die Regierung der Bundesrepublik zu erpressen — sie wollten, dass einige in Haft sitzende **Terroristen** freigelassen werden.«

Nora und Robin konnten einen Moment lang nichts sagen. »Das ist aber furchtbar«, meinte Nora irgendwann leise.

»Ja, es war furchtbar«, bestätigte Onkel Konrad nickend. »Es war eine grausame Geschichte und ein tiefer **Einschnitt** in das Selbstverständnis unseres Staates. Und obwohl die Terroristen letzten Endes nicht gewonnen haben, blieb ein Gefühl der **Verwundbarkeit** zurück, das Deutschland bis dahin nicht gekannt hatte.«

»Ich will jetzt nicht gerade von einer Schockstarre sprechen, aber ich muss gestehen, in meiner Erinnerung folgt, zumindest was die Politik betrifft, auf diese Zeit erst einmal so etwas wie ein weißer Fleck«, bekräftigte Oma Traudel Onkel Konrads Worte. »So gut wie alles wurde vor dem Hintergrund dieser Geschehnisse klein und unbedeutend. Ich bekam damals noch nicht einmal auf Anhieb mit, dass in Nordrhein-Westfalen per Gesetz eine neue Schulform eingeführt werden sollte. Obwohl es für uns ja durchaus ein Thema war. Petra war damals in der dritten Klasse.«

»Es sollte eine neue Schulform in NRW geben?«, schaltete Mama sich interessiert ein. »Ich glaube, davon habe ich noch nie gehört.«

»Das ist gut möglich«, antwortete Opa Api. »Denn das Gesetz zur flächendeckenden Einführung der sogenannten **Koop-Schule** ist nie umgesetzt worden. Es wurde durch ein **Volksbegehren** gestoppt. Das heißt: Die Bevölkerung wehrte sich dagegen. Es war übrigens eines der wenigen Volksbegehren überhaupt in der Geschichte NRWs, das erfolgreich war.«

»Was ist denn an der Koop-Schule so schlimm?«, wollte Robin wissen. »Warum wollten die Leute diese Schule nicht?«

»Das ist eine Frage, die wir heute fast nicht mehr beantworten können«, sagte Oma Traudel. »Die Koop-Schule, also die ›Kooperative Gesamtschule‹, ist eine Art **Gesamtschule**. In ihr werden verschiedenen Schulformen nebeneinander angeboten. Nur in einzelnen Fächern werden alle Schüler eines Jahrgangs gemeinsam

unterrichtet. Heute ist es in unserem Land ganz selbstverständlich,
dass wir ›Kooperative Gesamtschulen‹ und ›Integrierte Gesamtschulen‹, in denen bis zur 10. Klasse schulformübergreifend unterrichtet
wird, haben.«

»Ich glaube, die Eltern hatten damals Angst, dass die Schulform,
für die sie ihr Kind angemeldet hatten, sozusagen über Nacht
geändert werden sollte«, machte Onkel Konrad einen Erklärungs-
versuch. »Dass also auch aus allen bestehenden Gymnasien, Real-
und Hauptschulen Koop-Schulen werden sollten. Ich weiß gar nicht
mal, ob das wirklich so geplant war. Aber die Eltern hatten nun
einmal Angst, dass ihre Wahl einer bestimmte Schulform damit
einfach aufgehoben wäre.«

»Ganz ehrlich, ich kann mich an dieses Schulthema kaum noch
erinnern. Aber als Großeltern hatten wir damit ja nicht mehr so viel zu
tun«, brachte auch Uroma Kitty sich jetzt wieder ins Spiel. »Ich erinnere mich
an etwas ganz anderes. Daran nämlich, dass wir im Jahr 1978 einen **Ministerpräsidenten** bekamen,
der den Namen ›Landesvater‹ wirklich verdiente«, verkündete sie mit einem Lächeln. »Er hieß Johannes Rau. 20 Jahre lang war er das Oberhaupt unseres Bundeslandes. Das ist die längste Regierungs-
periode eines Ministerpräsidenten in NRW. Viele Menschen sagen bis heute: Rau war ein Mann von
Format und Charakter. Und er war offenbar unkompliziert und bodenständig.«

»Ja, den Eindruck hatte ich auch«, pflichtete Uropa Hans bei. »Und er war ein leidenschaftlicher
Skatspieler!«, hob er eine in seinen Augen besonders wichtige Eigenschaft hervor.

»Trotz seines hohen politischen Amtes strahlte Johannes Rau große menschliche Wärme aus«, fuhr
Uroma Kitty weiter fort. »Und ich war sehr stolz, als er im Jahr 1999 **Bundespräsident** der Bundesrepublik Deutschland wurde. ›Versöhnen statt spalten‹, das war sein Motto. Es wäre schön, wenn sich

dieses Motto mehr Menschen auf ihre Fahnen schreiben würden.«

»Besonders in der großen Politik«, schaltete Tante Petra sich nun auch mal wieder ein. »In den frühen 80er-Jahren habe ich zum ersten Mal wahrgenommen, dass es so etwas wie Politik überhaupt gibt. Zu dem Zeitpunkt konnte in der Welt von **Versöhnung** ja nun wirklich keine Rede sein. Stattdessen gab es ein **Wettrüsten** zwischen Ost und West und riesige Friedensdemonstrationen. Ich war damals nur etwa älter als ihr heute«, wandte sie sich an Nora und Robin. »Meine Eltern brachten mich für das Wochenende nach Aplerbeck, während sie in Bonn demonstrieren gingen. Und dann saßen eure Uroma Kitty, euer Uropa Hans und ich zusammen vor dem Fernseher und haben geguckt, ob wir die beiden irgendwo entdecken. In einer Menge von mehreren Hunderttausend Leuten!«, endete sie, indem sie Uropa Hans und Uroma Kitty ansprach.

»Ja, es war immer so schön, wenn du bei uns warst!«, sagte Uropa Hans. »Ich habe damals viel fotografiert«, fuhr er fort. »Man meint, man könnte die Zeit damit ein bisschen festhalten. Na ja, vielleicht ist es mir ja sogar gelungen? Wenn wir nachher oben in unserer kleinen Wohnung Kaffee trinken, können wir uns das Album aus dieser Zeit noch mal anschauen.«

Inzwischen hatten alle zu Ende gegessen. Willi kehrte mit einem verdächtig zufriedenen Ausdruck zu Nora und Robin zurück. Tante Cilly lächelte ein wenig schläfrig und arglos.

»Ich schlage vor, alle, die jetzt müde sind, gehen mit Hans und Kitty hinauf in die Wohnung und ruhen sich aus«, ergriff Papa nun das Wort. »Und der Rest geht eine Runde spazieren. Was haltet ihr davon?«

Normalerweise stöhnten Nora und Robin beim Stichwort Spazierengehen. Heute aber liefen sie gemeinsam mit Willi voraus nach draußen, während sich der Rest der Familie vor dem Fahrstuhl teilte. Die drei Senioren der Familie fuhren hinauf in die Wohnung. Alle Übrigen zogen ihre Jacken an und traten hinaus in den kleinen Park des Seniorenwohnheims. Willi inspizierte bereits in eindeutiger Absicht die umliegenden Bäume.

»Vorsicht, ›**Saurer Regen**‹!«, rief Onkel Konrad Nora und Robin mit einem Lachen in der Stimme zu. »Nicht, dass durch Willi die Prognose des Waldsterbens doch noch erfüllt wird!«

»Das Waldsterben?«, meinte Robin. »Davon haben wir neulich in der Schule Bilder gesehen. Das sah ja vielleicht gruselig aus! Lauter **Baumgerippe**!«

»Ja, das **Waldsterben** war damals ein großes Thema«, stimmte Oma Traudel zu. »Uns wurde angst und bange. In NRW galt im Jahr 1981 fast die Hälfte der Waldfläche als krank. Wir dachten: Wo soll das hinführen? Es sah wirklich so aus, als gäbe es in den 90er-Jahren so gut wie keine Wälder mehr.«

»Unglaublich!«, meinte Cousin Max mit einem Schmunzeln, während sich die gesamte Gruppe in Bewegung setzte. »Dann wäre der Teutoburger Wald heute die Teutoburger Steppe, oder wie?«

»Der Witz ist nicht schlecht, Max«, gestand Opa Api seinem Enkel zu. »Aber uns war damals überhaupt nicht nach Lachen zumute. Zum Glück kann man aber sagen, dass die Politik hier reagiert hat. Sogar über die Parteigrenzen hinweg. Allen war klar: Unsere Wälder müssen erhalten bleiben. Und in NRW spielte der Wald nicht nur in seiner biologischen Funktion eine wichtige Rolle. Er ist die Grundlage für die **Holzwirtschaft** in Ostwestfalen. Und die beliefert wiederum die dortige **Möbelindustrie**.«

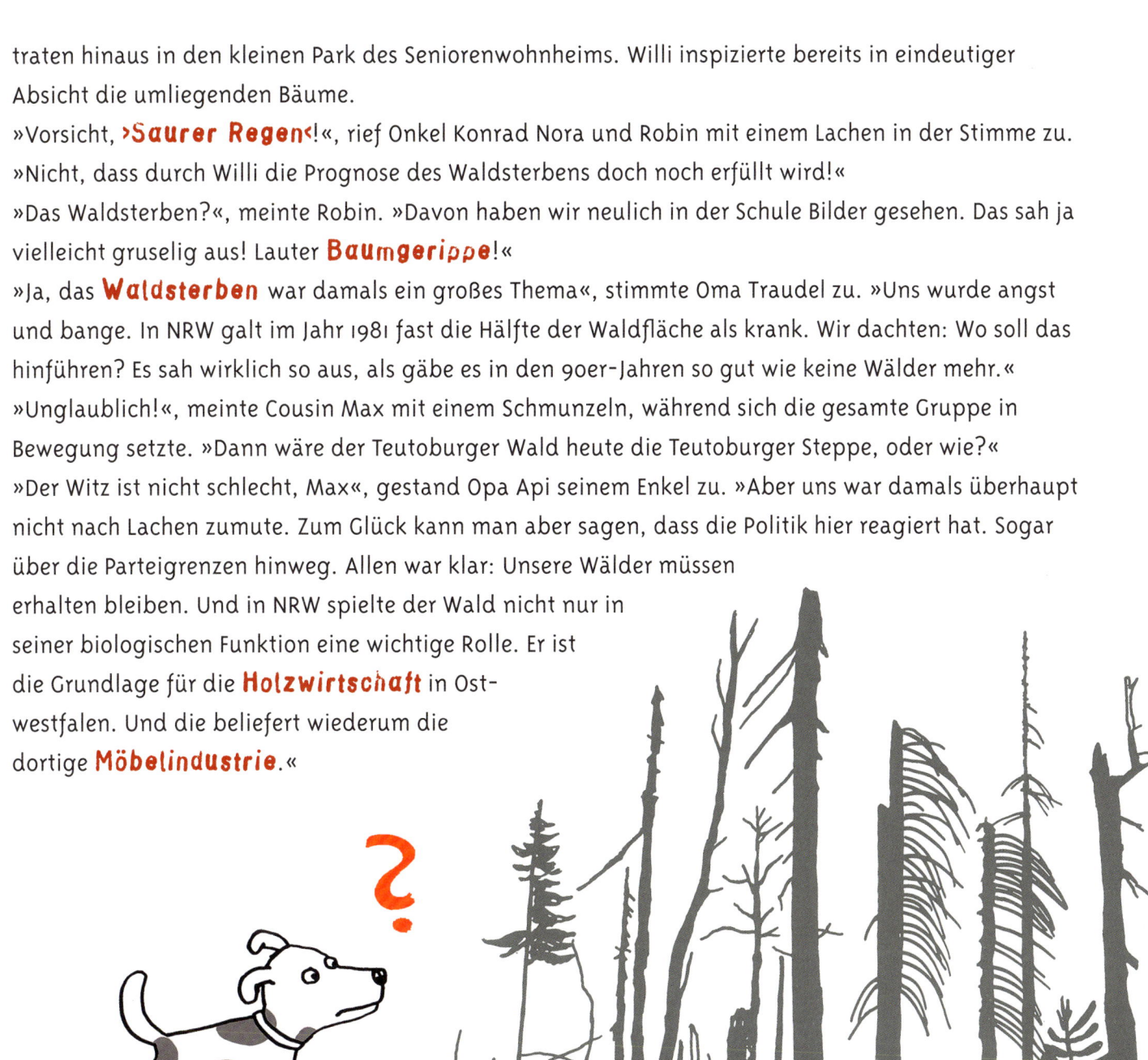

Inzwischen hatte Willi mindestens ein Dutzend Bäume beschnüffelt. Nach wie vor aber zog er in einem fort von links nach rechts, und Robin, der ihn an der Leine hielt, musste ihm wohl oder übel folgen. Darum bekam er auch nicht mit, dass Mama kurz vor einem der leuchtend bunten Veranstaltungsplakate stehen blieb, die an den Laternen des kleinen Parks befestigt waren. Kurz darauf schloss sie wieder zu den anderen auf.

»Übrigens, zum Thema Wald in NRW«, sagte sie. »In früheren Zeiten, lange vor der Gründung unseres Bundeslandes, belieferte der Wald ja noch einen ganz anderen ›Industriezweig‹. Die Märchenindustrie. Die **Märchen**, die die Brüder Grimm damals in ihrem Wohnort Kassel in Hessen sammelten, stammen zum Teil aus der äußersten Ecke des heutigen NRW, aus der Gegend um Höxter.«

Robin hatte nur mit einem Ohr zugehört. Das Thema Märchen hatte ihn noch nie interessiert. Jetzt zog Willi ihn wieder weiter, und als Robin aufblickte, wäre er fast wie angewurzelt stehen geblieben. Das war doch nicht möglich: Kaum 100 Meter von ihnen entfernt zog eine Horde Zwerge durch den Park. Angeführt von — Schneewittchen!

Nora bemerkte sein Staunen. Leise kichernd zog sie ihren Bruder am Ärmel und deutet auf eines der bunten Plakate: »Schneewittchen und die sieben Zwerge«, stand dort. Dazu der heutige Tag als Datum der Theateraufführung einer Grundschulklasse im Seniorenwohnheim.

»Oh, Mann!«, stöhnte Robin und wischte sich ein wenig Schweiß von der Stirn. »Ich hab schon gedacht, ich spinne!«

Nora kicherte. »Nicht mehr als sonst …«, meinte sie nur. Dann schlossen sich die Geschwister wieder der übrigen Familie an.

»Es ist jedenfalls gelungen, das Waldsterben aufzuhalten«, setzte Oma Traudel das **Umweltthema** nun wieder fort. »Zugunsten der Märchen und zugunsten der Menschen«, fügte sie mit einem Lächeln hinzu. »Und in unserem Bundesland hat ganz wesentlich dazu beigetragen, dass der Umweltschutz im Jahr 1985 in der **Verfassung** von NRW verankert wurde.«

»Dann kann man ja fast sagen, dass sich aus dem Schlechten etwas Gutes entwickelt hat«, folgerte Nora, die sich bisher für Wälder nicht großartig interessiert hatte.

»Ja«, bestätigte Oma Traudel. »Gerade das Waldsterben hat die Menschen auf die Wichtigkeit der Ökologie aufmerksam gemacht.«

»Es wurde damals sogar zu einem Thema für alle Parteien«, stimmte Onkel Konrad zu. »Die Verbindung aber von Umwelt- schutz, Friedens- und Antiatomkraftbewegung war charakte- ristisch für eine neue, junge Partei: **Die Grünen**. Und auch wenn die Wurzeln der gesamtdeutschen Grünen im Jahr 1980 in Baden-Württemberg liegen — wir in NRW hatten die Nase dann doch wieder vorn.«

»Du meinst die Gründung der NRW-Grünen am 16. Dezember 1979 um Punkt 17:10 Uhr?«, erkundigte sich Opa Api amüsiert.

»Nach meiner Uhr war es 17:12 Uhr«, gab Onkel Konrad er- staunlich humorlos zurück.

»Ob 17:10 oder 17:12 Uhr — ich weiß aber noch gut, dass gerade die jungen Leute sich extrem angesprochen fühlten von den Grünen. Weil es eine Partei war, die offenbar neue Wege ging«, erinnerte sich Oma Traudel. »Das sah man

63

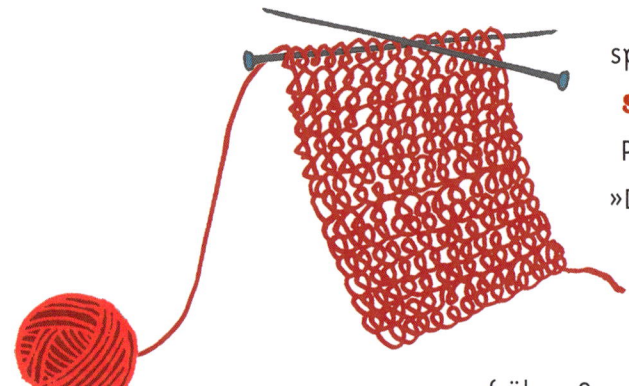

spätestens, als die Abgeordneten in **Turn-
schuhen** und mit **Strickzeug** zu den
Parlamentssitzungen kamen.«

»Das war für die älteren Generationen schon ein bisschen ge-
wöhnungsbedürftig«, schob Opa Api schmunzelnd ein.

»Tatsache ist jedenfalls, dass in den späten 70er und den
frühen 80er-Jahren ein deutliches Umdenken in der Bevölkerung
einsetzte«, fuhr Oma Traudel weiter fort. »Und dass durch den genaueren Blick auf
den **Umweltschutz** und eine immer kritischere Einstellung gegenüber der **Kernenergie** auch in der
Politik einige Weichen neu gestellt wurden — in der Bundespolitik genauso wie in der Politik der
Länder. Das Atomkraftwerk in Kalkar zum Beispiel, der Schnelle Brüter, ging nach seiner Fertigstellung
1985 niemals in Betrieb. Weil die Landesregierung inzwischen gegen Kernkraft war und die Betriebs-
genehmigung verweigerte. Die **Reaktorkatastrophe** von Tschernobyl in der Ukraine im Jahr darauf
hat dann wohl dazu beigetragen, dass im Jahr 1991 das endgültige Aus für die Anlage kam.«

»Und was daraus geworden ist, wisst ihr ja«, wandte Tante Petra sich an Nora und Robin. »Ein Freizeit-
park. Das Kernwasser-Wunderland — so hieß der Park jedenfalls bis zum Jahr 2005.«

»Einen schöneren Namen kann man sich kaum vorstellen«, meinte Onkel Konrad grinsend. »Da fällt
mir übrigens zu den frühen 80ern in unserem Land noch ein anderer Name ein: ›**Zorba the Buddha**‹.«

Robin zog die Nase kraus. »Wie bitte?«, fragte er.

»Klingt irgendwie außerirdisch«, meinte Nora.

Jetzt lachte Onkel Konrad. »Na ja, außerirdisch war diese Bewegung eigentlich nicht. Die Mitglieder
waren zwar sehr entspannt, im Grunde aber dann doch ganz handfest im Hier und Jetzt unterwegs.«

»Ich verstehe immer noch nicht, worum es geht«, meinte Robin. »Wer ist oder wer war dieser Zorba
denn nun?«

»Zorba, Osho oder Bhagwan — im Laufe seines Lebens hatte er viele Bezeichnungen — war ein indischer **Religionsführer**«, erklärte Oma Traudel. »Ab den späten 70er-Jahren fand er immer mehr Anhänger unter den jungen Leuten des Westens. Und ab den 80er-Jahren schwappte eine regelrechte **Bhagwan-Welle** über Deutschland und die Schweiz. Überall sah man die rot und orange gekleideten ›Sanyasin‹ — so nannten sich die Anhänger Bhagwans, des ›Erleuchteten‹.«

»Das Besondere an dieser Bewegung war, dass sie sich schnell zu einem gut funktionierenden **Wirtschaftsunternehmen** entwickelte«, fuhr Opa Api fort. »Es begann mit Diskotheken in den Großstädten. Und bald gründeten die Sanyasin eine Reihe von Baugeschäften, die im ganzen Rheinland bauten und renovierten.«

»Davon habe ich noch nie gehört«, meinte Cousin Max mit einem Kopfschütteln. »Und was ist aus dieser Bewegung geworden?«

»Es gibt sie noch, aber sie ist nicht mehr so groß wie in den 80ern. Und ihre Anhänger fallen heute weniger auf als damals, als sie noch rote oder orangefarbene Kleidung trugen«, antwortete Onkel Konrad.

»Es wird aber immer wieder Religionsbewegungen oder **Sekten** geben — darunter leider auch manche mit radikalen, extremistischen Auffassungen — mit mal

mehr, mal weniger Zulauf«, fügte Oma Traudel hinzu. »Und weil es auch Vereinigungen und Sekten gibt, in denen die Mitglieder missbraucht oder zu terroristischen Taten angehalten werden, gibt es seit den frühen 80er-Jahren hier in NRW bestimmte **Stellen** und Vereine, an die man sich wenden kann – wenn man selbst **Hilfe** braucht, um von einer Sekte loszukommen. Oder wenn man sich über die Inhalte oder auch die Gefährdung, die von einer solchen Gruppierung möglicherweise ausgeht, informieren möchte.«

Mittlerweile hatte die Familie den kleinen Park des Seniorenwohnheims einmal von vorne bis hinten durchwandert. Willi hatte durch sein ständiges Vor- und Zurücklaufen etwa das Dreifache der Strecke zurückgelegt – und Robin, der ihn an der Leine hielt, ebenfalls. Jetzt gingen sie allmählich wieder auf das Gebäude zu.

Ein durchdringender Pfiff ertönte. Alle sahen auf. An einem offenen Fenster im zweiten Stock des Gebäudes stand Uropa Hans und schwenkte einen roten Schal.

»Das ist das Zeichen«, sagte Opa Api. »Wir sollen Kaffee trinken kommen.«

»Wunderbar«, sagte Petra. »Wir haben ja auch schon so lange nichts mehr gegessen!«

»Tja, so ist es nun mal mit Familienfesten«, meinte Opa Api. »Man sitzt zusammen und isst und erzählt von früher.«

»Aber wenn ich ehrlich bin: Gegen ein Tässchen Kaffee ist ja nun doch nichts einzuwenden«, ergänzte Oma Traudel und unterdrückte ein kleines Gähnen. Und gemeinsam gingen sie nun alle schneller, um die Senioren an der Kaffeetafel nicht zu lange warten zu lassen.

67

Vokuhilas und Glasnost
oder:
Mit Stricknadeln und Klappstühlen

Oben in der Wohnung reichte Uropa Hans **Tante Petra** ein altes Fotoalbum. »Hier, das habe ich für dich herausgesucht«, sagte er.

Tante Petra schlug es auf und stieß einen gellenden Schrei aus: »Eine Vokuhila! Neiiiin! Und sogar mit Oliba. Papa! Das hatte ich ja schon ganz vergessen!«

Augenblicklich waren Robin und Nora bei ihrer Tante und steckten die Nasen in das Album. ›Vokuhila‹ klang nach einem exotischen, wilden Tier. Und mit Oliba — das war wahrscheinlich besonders gefährlich. Ein Geweih vielleicht, oder ein Stoßzahn …

»Um Himmels willen, Opa! Wie siehst du denn aus?«, rief Nora, sobald sie ebenfalls das Foto sah.

»Das war damals schick«, verteidigte sich Opa Api. »Traudel hat mir die Haare immer selbst geschnitten: Vorne kurz und hinten lang. **Vo-ku-hi-la**. Und eine Weile hatte ich auch einen Oberlippenbart. **O-li-ba**.«

»Und was ist das für ein Sack, den du da anhast? Das Ding, das dir bis zu den Knien schlottert?«, erkundigte sich Robin.

»Das ist ein Pullover! Ich habe ihn selbst angefangen, aber Traudel hat ihn zu Ende gestrickt«, erklärte Opa Api.

»Wie? Wirklich, Api? Du hast gestrickt?«, hakte Mama staunend
nach und beugte sich ebenfalls über das Fotoalbum. »Das wusste ich
noch gar nicht.«

»Damals war **Stricken** sehr modern«, erklärte Oma
Traudel. »Und strickende Männer galten als voll eman-
zipiert. Viele von uns machten damals ihre Kleidung selbst und
zeigten damit, dass sie den westlichen Konsum kritisch sahen.
Manche Abgeordneten der Grünen haben sogar im **Parlament** gestrickt.«

»Es gibt so manches aus dieser Zeit, das sich heute ziemlich schräg anhört«, meinte Tante Petra. »Ich
musste immer lachen, wenn es in der Tagesschau hieß, dass der Bundestag in Bonn im Alten Wasserwerk zusammenkam.«

»Wie? In einem Wasserwerk?«, fragte Robin verdattert. »Soll das heißen, Deutschland wurde damals
von einem **Wasserwerk** aus regiert?«

»So ähnlich«, bestätigte Tante Petra schmunzelnd. »Das Gebäude, in dem der Plenarsaal, also der
Sitzungssaal des Parlaments bis dahin untergebracht war, war baufällig geworden. Es wurde abgeris-
sen und neu geplant. Für diese Zeit zog der Bundestag in das gleich nebenan gelegene Alte Wasserwerk der Stadt Bonn – das vorher natürlich schon umgebaut worden war. Die Politiker mussten also
nicht zwischen Pumpen und Rohren sitzen.«

»Das nicht, aber es gab trotzdem nur wenig Platz im Wasserwerk«, ergänzte Onkel Konrad mit einem
Grinsen. »Und nach der Wiedervereinigung mussten durch die neu hinzugekommenen Abgeordneten
einige Politiker und Politikerinnen auf Klappstühlen sitzen. Wie beim Camping.«

»Irgendwie finde ich das sympathisch«, meinte Tante Petra. »Es zeigt so ganz nebenbei, dass die
sogenannte Bonner Republik – die Zeit also, in der Bonn provisorische Hauptstadt der Bundesrepublik
Deutschland war – tatsächlich eine **Übergangslösung** war.«

»Also an die **Klappstühle** kann ich mich beim besten Willen nicht mehr erinnern«, meinte Uropa

Hans nun. Er fuhr auf seinem Rollator eine Schale Schlagsahne ins Wohnzimmer, die Mama ihm schnell abnahm und auf den Tisch stellte. Den Tisch
mit Kuchen, Tellern und Tassen hatten die Leute vom Haus schon gedeckt.
Tante Cilly und Uroma Kitty kamen gerade aus dem Schlafzimmer herüber,
während Onkel Konrad den Kaffee aus der Küche holte. Als Willi Tante Cilly
sah, führte er unter lautem Bellen einen Freudentanz auf, als wäre sie
gerade von einer Weltreise zurückgekehrt.

»Aus, Willi! Sei still!«, versuchte Papa ihn schnell zur Ordnung zu rufen.

»Schluss jetzt mit der Kläfferei!«

»Komisch«, sagte Tante Cilly nachdenklich, während Willi weiter um sie herumtanzte. »Willi erinnert
mich so an das Hündchen, das Herbert mir damals zur Verlobung geschenkt hat. Nach der Hochzeit
habe ich ihn dann allerdings bei meinen Eltern und Hans in Aplerbeck gelassen. Dort hatte er es besser
als in unserer Stadtwohnung in Düsseldorf.«

»Du meinst unseren **Fridolin**?«, pflichtete Uropa Hans bei. »Ja, du hast recht. Da gibt es eine gewisse
Ähnlichkeit. Zumindest, was den Appetit angeht. Na, wer weiß, vielleicht ist Willi ja sein später Nach-
fahre? Fridolin hatte viele Freundinnen bei uns im Ort …« Er parkte seinen Rollator am Tisch und nahm
Platz, während Tante Cilly Willi noch immer nachdenklich ansah. Dann setzte auch sie sich — und Willi
legte sich ihr, ohne zu zögern, zu Füßen.

»Also im Zusammenhang mit den 80er-Jahren kann ich mich vor allem an die 160 Tage **Arbeitskampf**
in Rheinhausen erinnern«, nahm Uropa Hans vom Tisch aus den allgemeinen Gesprächsfaden wieder
auf. »Seit der Mitte der 80er-Jahre galten wir im **Ruhrgebiet** ja ohnehin schon als das ›**Armenhaus
Deutschlands**‹. Immer mehr Menschen, die in der Kohle- und Stahlindustrie arbeiteten, wurden
entlassen. Und dann, im November 1987, sollte die Krupp-Hütte in Duisburg-Rheinhausen, der
Inbegriff für Ruhrgebietsstahl schlechthin, geschlossen werden. Wir Kohle- und Stahlwerker
hatten dafür nur ein Wort: Undenkbar!«

»Na, das war aber doch nicht alles«, widersprach Onkel Konrad vorsichtig. Er war mittlerweile mit der Kaffeekanne aus der Küche zurück und stellte sie auf den Tisch. »Es gab da einen sogenannten Obermeister, der eine sehr kämpferische **Rede** hielt, in der er seine Kumpel aufrief, den Vorstand der Firma gemeinsam ›in die Knie zu zwingen‹. Daraufhin entwickelte sich im gesamten Ruhrgebiet eine Welle der Solidarität und des Zusammenhalts der Kohle- und Stahlarbeiter. Und jetzt mal fürs Familienprotokoll: Auf der folgenden **Demonstration** war sogar Uropa Hans dabei.« Er grinste triumphierend in die Runde.

»Was? Ich soll auf einer Demonstration gewesen sein?« Uropa Hans schüttelte empört den Kopf. »Niemals! Aber bei dieser riesigen **Menschenkette**, die von Duisburg-Rheinhausen bis Dortmund reichte — klar war ich da dabei.« Jetzt lächelte er verschwörerisch. »Das war doch Ehrensache! Ein tolles Gefühl: Wir waren uns sicher, wir schaffen es, wenn wir alle zusammenhalten.«

Robin hatte fasziniert zugehört. »Und? Hat es funktioniert? Haben die Stahlarbeiter das Werk erhalten können?«

»Ein paar Jahre lang schon noch«, antwortete Onkel Konrad achselzuckend. »Im Jahr 1993 wurde es dann aber schließlich doch geschlossen.«

Robins Blick verdüsterte sich. »Schade. Trotz all der Mühe.«

»Ja, das war eine schwere Zeit im Ruhrgebiet«, fuhr Opa Api fort und blickte noch mal kurz zu Uropa Hans, der betrübt vor sich hinsah, als erlebte er diese letzte Phase seines **Berufslebens** gerade noch einmal. »In anderen Teilen des Landes aber konnte man in der Mitte der 80er-Jahre schon erste Erfolge des **Strukturwandels** erkennen«, berichtete er dann weiter. »Traudel, Petra und ich zogen damals von Xanten nach Paderborn — also vom Niederrhein, im äußersten Westen unseres Bundeslandes, nach Ostwestfalen. Ich bekam einen Job bei einer Firma, die Computerfachleute suchte.«

Oma Traudel nickte bestätigend. »Die **Computerbranche** begann in dieser Zeit ja regelrecht zu boomen. Und ich finde es imponierend, dass sich gerade das eher ländliche Ostwestfalen in diesem Bereich eine wichtige Position sichern konnte. Für uns als Familie war es nur schade, dass Petra bald nach ihrer Berufsausbildung zurück nach Xanten ging.« Oma Traudel blickte ihre Tochter ein wenig wehmütig an.

»Ja«, gab Petra zu. »Ich fand eine Stelle in Wesel und ging zurück ins ›Flachland‹. Ich fühlte mich auch damals schon am Niederrhein einfach zu Hause. Ist ja auch klar: Ich hatte einen großen Teil meiner Schulzeit dort verbracht, und mein **Freundeskreis** bestand zum größten Teil aus Leuten, die ich in meiner Jugend- gruppe kennengelernt hatte. Darunter auch Sven, meine **Jugendliebe** und der Vater von Max.« Sie lächelte zu ihrem Sohn hinüber.

»Der mich übrigens kürzlich zusammen mit seiner neuen Partnerin zum großen Bruder

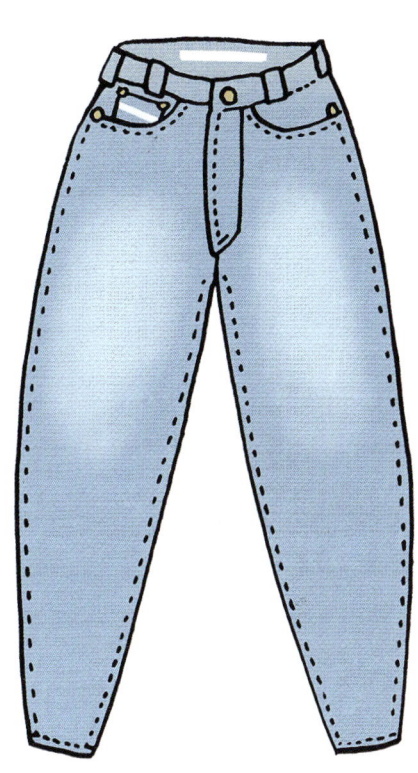

gemacht hat«, warf Max ein bisschen stolz ein. »Ich freue mich für die beiden. Du auch, Petra, oder?«

Petra nickte zustimmend. »Wir hatten damals auch unsere sozialen **Netzwerke**, so wie ihr heute«, erzählte sie dann weiter. »Bei uns lief der Kontakt aber nicht über Handys, sondern ›live‹, in der **Teestube** des Gruppenheims. Aber auch da war es wichtig, dazuzugehören.«

Jetzt war Nora besonders aufmerksam geworden. »Echt? War das bei euch auch schon so? Und musste man bei euch auch die richtigen Klamotten und so was alles haben?«

Tante Petra schüttelte den Kopf. »Nicht ganz. Unsere Mode war noch nicht so vielseitig wie heute, aber trotzdem brauchte man auch damals schon die richtigen Jeans und Turnschuhe. Jedenfalls«, setzte sie ihren eigentlichen Bericht fort, »fühlte ich mich nach meiner Rückkehr in Wesel gleich wieder wohl. Daran konnte auch der kurz zuvor fertiggestellte Schnelle Brüter in **Kalkar** nichts ändern. Allerdings gebe ich zu, dass es mir nach der Reaktorkatastrophe von **Tschernobyl** im Jahr 1986 schon manchmal mulmig war. Immerhin ging das Atomkraftwerk aber erst einmal nicht in Betrieb.«

»Man könnte sagen: Der Wind hatte gedreht«, streute Onkel Konrad ein, und die Zufriedenheit darüber war ihm deutlich anzusehen. Er begann nun, Kuchen zu verteilen. Augenblicklich nahmen alle Übrigen ebenfalls am Tisch Platz. »Dass der Schnelle Brüter nicht in Betrieb ging, kündigte eine veränderte Haltung der Landesregierung zur **Atompolitik** an«, fuhr Onkel Konrad fort, während er ein Kuchenstück nach dem anderen auf die Teller verfrachtete. »Und in der ›großen Politik‹ war ebenfalls eine erste sanfte Brise zu spüren, die sich aber zu einem regelrechten Sturm der Veränderungen auswachsen sollte.«

»Ein Sturm der **Veränderungen**? Was meinst du damit?«, fragte Robin und schob Onkel Konrad den Teller hin. In seinem Bauch war längst schon wieder Platz für Kuchen. Schließlich hatte es zum Mittagessen keinen Nachtisch gegeben. Und zusammen mit Willi hatte er im Park eine viel längere Strecke zurückgelegt als die anderen. »Begannen da etwa schon diese Stürme und Unwetter, von denen es heißt, dass sie Vorboten oder sogar schon ein Teil des **Klimawandels** sind?«

»Es gab zumindest die ersten Befürchtungen, dass unsere Konsumgewohnheiten dem Klima schaden«, antwortete Tante Petra. »Allerdings haben wir damals weniger mit Stürmen und sintflutartigen Regenfällen gerechnet. Die Stichworte lauteten eher: **Ozonloch** und abschmelzende Polkappen. Gegen Ende der 80er setzte aber etwas ein, das man als ›politischen Klimawandel‹ oder ›Veränderung der politischen Großwetterlage‹ bezeichnen kann. Und tatsächlich beschrieb man diesen weltpolitischen Vorgang mit Begriffen, die wir sonst eher aus dem Wetterbericht kennen: ›Eisschmelze‹ und ›Tauwetter‹ nämlich. Und in Russland kamen die Schlagworte **Glasnost** und **Perestroika** auf, was in etwa Offenheit und Umgestaltung heißt.«

»Aha«, sagte Nora. »Und was soll das alles heißen?« Sie hatte einen Klacks Sahne in ihren heißen Kakao gegeben und sah nun zu, wie sich der kleine Sahneberg allmählich auflöste.

»Das heißt, dass die beiden großen **Blöcke** der Weltpolitik, also die westlichen europäischen und die nordamerikanischen Staaten — der sogenannte **Nordatlantikpakt** — und die Ostblockstaaten der damaligen **UdSSR** — dies war der Name des Bündnisses unter der Führung des heutigen Russlands —, begannen, sich einander anzunähern und sich zu verständigen. Und das heißt auch, dass damit das **Wettrüsten** vorerst ein Ende fand.«

»Wow!«, machte Nora. »Dann haben die Demos im Bonner Hofgarten also tatsächlich etwas gebracht?«

»Es kam noch eine Reihe anderer Faktoren hinzu«, erklärte Onkel Konrad. »Aber doch, ja: Auch die Demos haben etwas gebracht.«

»Und Bonn sollte auch weiterhin eine wichtige Rolle für die Veränderungen spielen, die auf diese **Entspannungspolitik** folgten«, fuhr Tante Petra fort. »Zunächst aber geschah in NRW wieder etwas Neues — oder vielleicht eher: etwas Altbekanntes. Durch die Erleichterung der **Ausreise** aus den Ostblockstaaten kamen viele Menschen in unser Bundesland. Zum Teil waren es sogenannte **Spätaussiedler** — Deutsche, deren Vorfahren im 18. Jahrhundert nach Russland gezogen waren, nachdem die russische Zarin Katharina die Große, die selbst Deutsche war, sie dazu eingeladen hatte. Nun wollten sie zurück in das Land, das sie noch immer als ihre Heimat betrachteten. Viele von ihnen zog es nach NRW, denn sie erwarteten in den zahlreichen Städten unseres Bundeslandes eher Arbeit zu finden als in weniger dicht besiedelten Gebieten. Im Jahr 1986, als die UdSSR gerade erst begonnen hatte, sich etwas zu öffnen, waren es erst 109 Personen. Im nächsten Jahr aber kamen schon knapp 4000 Menschen und wiederum ein Jahr später, 1988, mehr als 16 000! Und von 1991 bis 1995 strömten dann jährlich über 40 000 Menschen aus der ehemaligen UdSSR nach Nordrhein-Westfalen.«

»Das war damals schon eine regelrechte Völkerwanderung«, stellte Opa Api fest.

»Untergebracht wurden diese Menschen im Aufnahmelager **Unna-Massen**, wo schon die Flüchtlinge der Nachkriegszeit Unterkunft gefunden hatten. Dann kamen aber nach der

Öffnung der innerdeutschen Grenze im Jahr 1989 auch noch Bürger aus der DDR hinzu. Insgesamt waren es so viele, dass NRW im März 1990 einen **Aufnahmestopp** verhängen musste.«

»Aber sind diese Leute denn alle hiergeblieben?«, fragte Robin nun. Er hatte inzwischen zwei Stücke Kuchen verdrückt und konnte trotzdem noch klar denken.

»Nein, nicht alle sind in NRW geblieben«, antwortete Tante Petra. »Lange Zeit hat sich die Zahl der Zu- und Fortzüge hier bei uns in NRW etwa die Waage gehalten.«

»Ach, an diese Zeit der allgemeinen **Öffnung** und der **Annäherung** kann ich mich auch noch erinnern«, seufzte Uroma Kitty nun. »Und wie froh war ich, dass ich bald darauf wenigstens noch einmal zusammen mit Hans nach Ostpreußen, in meine alte Heimat reisen durfte. So konnte ich mich wenigstens ein bisschen mit der Geschichte aussöhnen.« Und bevor ihre Augen wieder feucht werden konnten, streichelte Nora, die neben ihrer Urgroßmutter saß, schnell ihre zarte kleine Hand.

»Ja, es war wirklich eine Zeit der **Aussöhnung**«, stimmte Tante Petra zu. »Und das schreckliche Szenario — harmlose Luftballons lösen einen Krieg aus —, das 1983 die Sängerin Nena, die übrigens auch aus NRW stammt, nämlich aus der Stadt Hagen, in ihrem Lied ›99 Luftballons‹ besang, hatte sich damit erledigt. Ost und West waren versöhnt und Deutschland konnte wieder ein Staat werden.«

»Aber eins muss man doch feststellen«, kam Cousin Max noch mal auf einen anderen Punkt zurück: »Solange Bonn die provisorische Hauptstadt der Bundesrepublik und Regierungssitz war, ist die Geschichte unseres Bundeslandes ziemlich eng mit der Geschichte Deutschlands nach dem Krieg verknüpft.«

»Damit hast du auf jeden Fall recht«, pflichtete Tante Petra ihm bei. »Ich glaube, jeder Deutsche war froh, als im August 1990 die Verträge zur **Vereinigung** unterschrieben wurden und Deutschland kein geteiltes Land mehr war. Ab dem Moment

NENA

aber, wo Bonn
nicht mehr provi-
sorische Hauptstadt
und ab 1999 auch nicht
mehr Regierungssitz war,
änderte sich für die südlichste Großstadt
des Bundeslandes ziemlich viel. Und damit auch für
ganz Nordrhein-Westfalen.«

»Warum denn für ganz Nordrhein-Westfalen?«, wollte
Robin wissen.

»Eine **Hauptstadt** ist für jedes Land ein wichtiges wirtschaftliches
Zentrum, in dessen Nähe sich gern Berufsverbände, Wirtschaftsbetriebe
und Medienunternehmen ansiedeln«, antwortete Tante Petra. »Und in einer
Hauptstadt wohnen viele Beamte und Politiker mit ihren Familien. Da Bonn im Süden
unseres Bundeslandes liegt, spürte man den **Umzug** der Regierung im äußersten Norden
von Nordrhein-Westfalen vielleicht etwas weniger. Im Rheinland aber stellte der Wegzug
des Bundestags und eines großen Teils der Ministerien einen tiefen **Einschnitt** dar.«

»Und was haben die Bonner daraufhin getan? Ich meine, wenn auf einmal so viele Leute
nach Berlin, also aus Bonn weggezogen sind?«, fragte Nora.

»Die Bonner haben geschickt verhandelt«, schaltete sich Onkel Konrad nun mal wieder ein.
»Und herausgekommen ist eine Art ›gestützter Strukturwandel‹. Das heißt, neben einigen Minis-
terien, die ihren Hauptsitz in Bonn behielten, sind die Stadt und das Umland mit staatlicher
Förderung zu einem **Wirtschafts- und Wissenschaftsstandort** geworden. Und man hat die
Post, die Postbank und die Telekom in Bonn angesiedelt und damit wieder Menschen in die Region
gelockt. Diese drei Unternehmen sind heute die größten privaten **Arbeitgeber** im Raum Bonn.«

»Übrigens hat unsere Bundeskanzlerin Angela Merkel früher auch in Bonn gearbeitet«, meldete sich Mama zu Wort. »Zuerst, von 1991 bis 1994, als Ministerin für Frauen und Jugend und danach, von 1994 bis 1998, im Bundesumweltministerium.«
»Dann dürfte sie mehr als einmal ziemlich nasse Füße bekommen haben«, meinte Opa Api. »Als es 1993 ein sogenanntes **Jahrhunderthochwasser** des Rheins gegeben hat und 1995 fast noch einmal.« Genau bei dem Stichwort »Hochwasser« erzitterte mit einem Mal die Tischplatte und sämtliche Tassen schwappten über.

»Also Frido…, äh, ich meine Willi, so war das aber nicht gemeint!«, sagte Tante Cilly verdattert. Alle Blicke richteten sich auf sie. Willi saß auf ihrem Schoß und reckte neugierig die Nase über den Tisch. Dass er bei seinem sportlichen Sprung vom Boden auf Tante Cillys Schoß gegen die Tischplatte gestoßen war, schien ihn nicht weiter zu stören.

»Ich wollte nur sehen, ob er auch Männchen macht wie mein Fridolin damals«, versuchte Tante Cilly sich zu entschuldigen. »Ich habe ja nicht geahnt, dass er gleich den ganzen Kuchen will — wirklich, es war nur ein ganz kleiner Krümel, den ich ihm geben wollte.«

»Liebe Tante Cilly, das Beste ist, du gibst ihm gar nichts«, meinte Papa streng, konnte sich aber ein Schmunzeln kaum verkneifen. Wer konnte Tante Cilly schon böse sein? »Hopp, Willi, runter da!« Und unter Protestjaulen und Knurren fand Willi sich wieder auf seinem Platz auf dem Boden ein.

»Tja, die Rheinhochwasser der 90er-Jahre …«, nahm Tante Petra das vorherige Thema wieder auf. »Aber ehrlich gesagt verbinde ich mit dem Jahr 1993 hier in NRW noch etwas ganz anderes als die Erinnerung an vollgelaufene Kellerräume. Nämlich einen traurigen ersten Höhepunkt der **Fremdenfeindlichkeit**.«

»Du meinst den Anschlag von **Solingen**, bei dem fünf Menschen, die ursprünglich aus der Türkei kamen und sich hier ein neues Leben aufgebaut hatten, sterben mussten?«, ergänzte Opa Api.

Tante Petra nickte. »Ja, genau das meine ich. Anfang der 90er-Jahre begann eine Welle der Fremdenfeindlichkeit. 1992 gab es in ganz Deutschland fast doppelt so viele rechtsextreme **Gewalttaten** wie noch im Jahr davor. Bis dahin hatte ich gedacht, dass die verschiedenen Bevölkerungsgruppen in NRW längst zusammengewachsen waren; dass gegenseitige **Toleranz** und die Zufriedenheit darüber, was die Menschen durch gemeinsames Arbeiten erreicht hatten, überwiegen würden. Aber auch in unserem Bundesland gab und gibt es Leute, denen es nicht gefällt, dass die Menschen, die vor vielen

Jahren als Gastarbeiter hierherkamen, und die hier mittlerweile mitsamt ihren Familien eine neue **Heimat** gefunden haben, auch ihre Lebensweise mit nach Deutschland gebracht haben — einschließlich ihrer Religion. Nach den zahlreichen italienischen, spanischen und portugiesischen **Einwanderern**, die längst ein fester **Bestandteil** unserer **Gesellschaft** sind und die ja wie viele Deutsche den christlichen Glauben haben, der Deutschland traditionell geprägt hat, sind nach und nach auch die muslimischen Familien aus ihrem Schattendasein herausgetreten. Und das ist offenbar etwas, womit manch einer unserer deutschen Mitbürger nicht zurechtkommt.«

»Gab es in den 90er-Jahren eigentlich schon den Begriff ›Parallelgesellschaft‹?«, wollte Cousin Max jetzt wissen.

»Ja, der Begriff ist in den frühen 90ern aufgekommen«, beantwortete Opa Api die Frage. »Und in den letzten Jahren war er wieder sehr aktuell — und umstritten. Es ist natürlich eine schwierige Gratwanderung«, fuhr er nachdenklich fort. »Auf der einen Seite fordern wir, dass die Zuwanderer sich integrieren — aber wir machen ihnen die **Integration** nicht immer leicht. Die andere Seite ist: Man darf niemanden seiner kulturellen **Identität** berauben — aber eine Verständigung kann auch sehr schwierig oder fast unmöglich werden, wenn jemand stark an der eigenen Kultur festhält und sich der Kultur des neuen Landes verschließt. Und dann lebt man nicht miteinander in einem Land, sondern nur noch nebeneinander her.«

»Tja, vielleicht müssen wir uns bei dieser Frage auf unsere vielfältigen Wurzeln besinnen«, schlug Mama nun vor. »Nordrhein-Westfalen war und ist ein Einwanderungsland. Das hat schon mit den Römern begonnen, die ihre **Kultur** hierhergebracht haben. Einwanderung bedeutet immer auch, dass die **Vielfalt** zunimmt. Und das ist doch etwas Positives, oder?«

Papa nickte zustimmend. »Wenn ich mir vorstelle, wir hätten früher abends, beim

Ausgehen in der Stadt, deutsche Klappstullen essen müssen anstatt Döner oder Pizza …« Er grinste. »Damit hätte ich bei Vera niemals landen können.«

»Klappstullen?«, wiederholte Uroma Kitty ein wenig abwesend. Sie war in Gedanken noch bei ihrer eigenen Geschichte der Einwanderung und des **Einlebens** in einer neuen Umgebung. Unsicher sah sie über die bis auf wenige Kuchenkrümel leer gegessene Kaffeetafel. »Möchte vielleicht jemand noch ein Butterbrot?«

Cyberspace und Strukturwandel
oder:
Mit Nadeldruckern und Windkraft

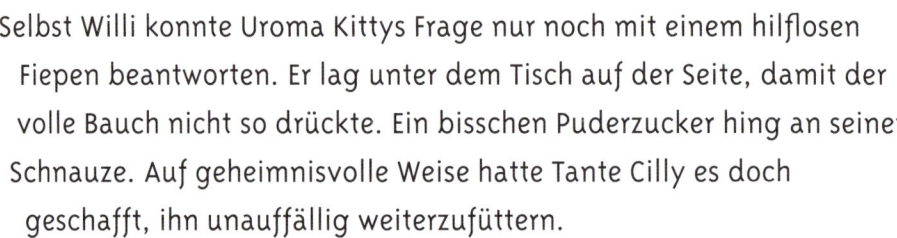

Selbst Willi konnte Uroma Kittys Frage nur noch mit einem hilflosen Fiepen beantworten. Er lag unter dem Tisch auf der Seite, damit der volle Bauch nicht so drückte. Ein bisschen Puderzucker hing an seiner Schnauze. Auf geheimnisvolle Weise hatte Tante Cilly es doch geschafft, ihn unauffällig weiterzufüttern.

»Hoffentlich wird ihm auf der Rückfahrt im Auto nicht schlecht«, meinte **Papa** besorgt. Tante Cilly lächelte freundlich in die Runde und tat, als hätte sie nichts gehört.

»Ob wir Klappstullen oder Pizza miteinander aßen, das war mir eigentlich egal, als wir uns kennenlernten«, kam **Mama** noch mal auf Papas Anmerkung zurück. »Ich fand toll, dass du mich eingeladen hast, nach Berlin zu fahren, zur Loveparade. Die fand ja damals noch dort statt, in der ›neuen‹ alten Hauptstadt. Das war mal eine Abwechslung zu unserem beschaulichen **Paderborn**!«

»Stimmt, und den Gutschein für die Reise habe ich auf Vatis Computer getippt«, fuhr Papa fort. »Auf einem Atari. Der war unser ganzer Stolz«, wandte er sich an Opa Api. »Damals war es noch etwas

Besonderes, einen eigenen **PC** zu Hause zu haben. Mit **Nadeldrucker**!«

»Nadeldrucker? Was ist das?«, flüsterte Nora Robin zu.

»Ein Drucker, der die Schriftzeichen mit kleinen Nadeln, die gegen ein **Farbband** drücken, auf Papier bringt. Die Dinger stehen heute im Museum«, antwortete Robin.

»Nicht nur dort«, schaltete Onkel Konrad sich ein. »Bahnfahrkarten zum Beispiel werden zum Teil immer noch mit Nadeldruckern bedruckt, und einige Kassensysteme arbeiten ebenfalls damit. Übrigens war das kleine Paderborn, die Heimatstadt eurer Eltern, bis 1990 Sitz des damals führenden deutschen Computerunternehmens Nixdorf, dessen Nachfolgeunternehmen heute ein weltweit führender Hersteller von Kassensystemen ist.« Damit zwinkerte er Nora und Robin zu und lehnte sich auf seinem Stuhl zurück.

»Zum Thema Computer: Habt ihr in eurer Schulzeit denn eigentlich auch noch das bundesweite Projekt **Schulen ans Netz** erlebt?«, fragte Tante Petra bei Mama und Papa nach. Immerhin war sie sieben Jahre älter als Papa und hatte sich damals nicht wirklich für die Schulzeit ihres kleinen Bruders interessiert. »Das war doch auch hier in NRW ein großes Thema. Heute klingt es für uns vollkommen gestrig. Aber damals war es eine kleine **Sensation**: Alle Schulen sollten **Internetanschluss** bekommen und die Lehrer wurden im Umgang mit dem Netz geschult.«

Mama und Papa schüttelten den Kopf. »Nein, das haben wir nicht mehr erlebt. Wir hatten 1996, als das Projekt anlief, die Schule schon hinter uns«, antwortete Mama.

»Schade eigentlich«, meinte Papa schmunzelnd. »Seitdem es das Internet gibt, soll das Hausaufgabenmachen ja wesentlich leichter geworden sein, oder? Was meint ihr, Nora und Robin?«

»Nee, ist es nicht. Einfach nur etwas aus dem Internet abschreiben, funktioniert auch heute noch nicht«, antwortete Robin und schüttelte bedauernd den Kopf.

»Man muss den Stoff schon kapieren. Das ist bei uns nicht anders als zu eurer Zeit«, schob Nora hinterher.

»Von einer weiteren wichtigen Umstellung, die die **Jugendlichen** in NRW im Jahr 1999 betraf, haben übrigens auch nur die profitiert, die ein paar Jahre jünger sind als wir«, fuhr Mama fort. »Ich meine die Einführung des **Wahlrechts** ab 16 Jahren bei den **Kommunalwahlen**. Bei der Wahl der Stadträte, Bürgermeister und Landräte also.«

»Ich habe hier mal ein kleines Rätsel für euch«, schaltete Opa Api sich mit einem Grinsen ein. »Wer im Jahr 1999 16 Jahre alt war und wählen durfte, war drei Jahre zuvor etwas mehr als ein Viertel so alt wie ein Jubiläum, das damals hier in Aplerbeck und in ganz NRW gefeiert wurde. Allerdings getrennt voneinander.«

Einen Augenblick lang dachten alle angestrengt nach.

»Könntest du bitte einfach Klartext reden?«, forderte Onkel Konrad seinen Bruder schließlich auf.

Opa Api grinste immer noch. »Ihr könnt aufhören zu rechnen. Ich wollte einfach nur darauf hinaus, dass wir im Jahr 1996 zwei **Goldene Hochzeiten** hatten. 50 Jahre Ehe von Uroma Kitty und Uropa Hans — und 50 Jahre Operation Marriage zur Gründung von Nordrhein-Westfalen.«

»Eine **Liebesheirat** und eine **Vernunftehe**«, bemerkte Tante Cilly und lächelte ihrem Bruder und ihrer Schwägerin zu. »Aber beides hat erfolgreich gehalten.«

»Und beide Jubiläen sind zu Recht gefeiert worden«, ergänzte Uroma Kitty. »Das eine bei uns in Aplerbeck, das andere mit einer Feierstunde im Düsseldorfer Landtag.«

»Bei Hochzeiten kenne ich mich nicht so gut aus«, ergriff Onkel Konrad jetzt wieder das Wort. »Mir fällt für diese Zeit ein anderes Stichwort ein, das heute auch schon gefallen ist: die **Energiewende** und daraus folgend die ökologisch verträgliche Energieerzeugung einerseits — und der Ausbau der Kohleförderung andererseits. Ich habe mit meinen Freunden gefeiert, als im Jahr 1997 in **Würgassen** im Weserbergland das letzte **Kernkraftwerk** Nordrhein-Westfalens vom Netz ging. Die Ernüchterung folgte aber sofort, denn nun gestattete die Landesregierung für die Stromerzeugung die Erweiterung eines bestehenden Braunkohlentagebaus im rheinischen Braunkohle-revier, des Tagebaus **Garzweiler**, mit gigantischen Ausmaßen. Durch die Erweiterung dieses Tagebaus wurden nicht nur Landschaften zerstört, sondern zahlreiche Menschen mussten ihre Dörfer verlassen und umziehen. Weil an der Stelle, wo ihre Dörfer standen, nach **Braunkohle** gegraben werden sollte.«

»Was? Die Leute mussten wegziehen? Aus ihren Wohnungen und Häusern, aus ihrem Zuhause?«, fragte Nora entsetzt nach. Im selben Moment blickte sie zu Uroma Kitty. An ihr sah man ja, wie weh es tun konnte, wenn man nicht freiwillig von zu Hause wegzog.

»Ja, das mussten sie«, antwortete Mama. »Allerdings gab es so etwas auch früher schon hier und da. Man begründet das dann damit, dass das Interesse der Allgemeinheit in diesem Fall mehr wiegt als der private Anspruch Einzelner. Natürlich aber werden die Menschen, die davon betroffen sind, entschädigt. Sie erhalten Geld, damit sie sich woanders ein neues Zuhause bauen können.«

»So war es ja auch, als der **Biggesee** entstand, die größte Talsperre von NRW«, pflichtete Uropa Hans bei. »Dort mussten vor gut 50 Jahren viele Menschen ihre Dörfer verlassen, damit der Stausee entstehen konnte.«

garzweiler

»Durch den übrigens mit einem **Wasserkraftwerk** Strom erzeugt wird«, ergänzte Papa. »Auch beim Tagebau Garzweiler versucht man neben dem Kohlekraftwerk auf alternative Weise Strom zu erzeugen. Auf einer Abraumhalde des Tagebaus bei Grevenbroich, in der Nähe von Neuss, entstand ab Mitte der 90er-Jahre ein Windpark, der sich bis zum Jahr 2000 zur damals größten **Windkraftanlage** der Welt entwickelte. Seitdem nennt sich Grevenbroich die ›Bundeshauptstadt der Energie‹.«

»Wow!«, machte Robin. »Windkraft und Wasserkraft! Das finde ich gut!«

»Mich hat in den späten 90er-Jahren aber noch etwas anderes fasziniert«, fuhr Papa nun weiter fort. »Das Deutsche Zentrum für Luft- und Raumfahrt in **Köln-Porz** wurde 1997 zum Managementzentrum für die gesamte nationale Raumfahrt ernannt. Seitdem ist Köln-Porz für Deutschland in etwa das, was das **Space Center** in Houston für die USA ist.«

»Wie? Werden da etwa auch Raketen abgeschossen?«, fragte Robin nach.

»Nein, das nicht gerade«, antwortete Papa lachend. »Aber alle deutschen Forschungen und Entwicklungen rund um die Raumfahrt werden dort verwaltet. Und mit diesem Ereignis sind wir fast wieder bei einer Art Urknall: Ich bin damals vom Universum-Virus infiziert worden. Seitdem interessiere ich mich für das **All**.«

»Ja, die Sache mit dem Deutschen Zentrum für Luft- und Raumfahrt ist tatsächlich ein Stück deiner und damit unserer gemeinsamen **Geschichte** — und der unserer kleinen Familie«, sagte Mama zu Nora und Robin. »Man sieht an diesem Beispiel sehr gut, wie

BONN

BERLIN

sehr das Leben jedes einzelnen **Menschen** mit den historischen Ereignissen seiner **Zeit** verknüpft ist. Die ›große‹ Geschichte, die Geschichte eines Landes oder eines Staates, hat immer Einfluss auf die ›kleine‹ oder private Geschichte der Leute, die in diesem Land oder Staat leben. Ich muss zugeben«, fuhr sie lächelnd fort, »die Sache mit dem Luft- und Raumfahrtzentrum wäre an mir damals glatt vorbeigegangen, wenn wir beide nicht schon zusammen gewesen wären. Für mich selbst war in dieser Zeit viel interessanter, dass **Johannes Rau** bei der Landtagswahl 1998 nach 20 Jahren nicht mehr als Ministerpräsident kandidierte und sich von allen politischen Ämtern in NRW zurückzog. Im Jahr 1999 aber wurde er ja dann zum **Bundespräsidenten** gewählt, wie Kitty schon erzählt hat. Und die Menschen der Bundesrepublik haben sich von ihm fünf Jahre lang wohl ebenso gut vertreten gefühlt wie die in Nordrhein-Westfalen während seiner Zeit als Landesvater.«

»Johannes Raus **Vereidigung** als Bundespräsident fand übrigens in der letzten Sitzung des Bundestags in Bonn statt«, fügte Tante Petra hinzu. »Danach hob das ›Raumschiff Bonn‹ ab und die gesamte Mannschaft zog nach Berlin um.«

»Somit war diese Amtshandlung eine Art **Schlussstrich** unter der Epoche der ›Bonner Republik‹«, schloss Opa Api. »Von nun an tagte der Bundestag in der Hauptstadt.«

»Das ist schon interessant«, meinte Papa versonnen und kratzte sich am Kopf. »Dass der Umzug der Bundesregierung zu einer Zeit stattfand, wo man auf Landesebene nun tatsächlich sehen konnte, dass sich etwas verändert hatte. Sicher kann man nicht sagen, dass NRW zu dieser Zeit den **Strukturwandel** komplett geschafft hatte. Nein, ich denke der Strukturwandel wird uns sozusagen als **Daueraufgabe** begleiten — weil sich die Bedingungen

87

unseres Lebens ja auch ständig verändern. Aber ...« Jetzt rieb er sich nachdenklich die Nase. »Aber wenn ich das richtig sehe, gab es gegen Ende der 90er-Jahre doch schon ein paar sehr greifbare Ergebnisse. Zum Beispiel, dass sich NRW innerhalb weniger Jahre als **Medienland** fest etabliert hatte. Durch den öffentlich-rechtlichen Rundfunk, mit dem WDR als größter Sendeanstalt der ARD, und die privaten Fernsehsender einerseits, aber auch durch Multimediaunternehmen, die national und international tätig sind. Und das lange Zeit verrußte und von Smog geplagte Ruhrgebiet entwickelte sich mehr und mehr zu einer grünen **Kultur- und Technologie-Region**, ohne seine Industrievergangenheit zu verleugnen.«

»Ja, und auch im Hinblick auf die Gesellschaft und die **Integration** der Menschen, die seit der Geburtsstunde des Landes nach NRW gekommen waren, konnte man gegen Ende des Jahrtausends Erfolge sehen«, ergänzte Opa Api. »Es gab Islam-Unterricht auf Deutsch, und ein Mann, zum Beispiel, der als italienisches **Gastarbeiterkind** im Ruhrgebiet aufgewachsen war, bekleidete das hohe Amt des **Bundesverfassungsrichters**.«

»Das klingt nach einer Fahrt unter vollen Segeln in Richtung Jahrtausendwende«, stellte Onkel Konrad fest. »Ich erinnere mich aber auch an eine Reihe ungelöster Probleme zu jener Zeit — die bis heute ungelöst sind und es wohl auch noch eine ganze Weile bleiben werden. Die sogenannten Castortransporte zum Beispiel. Das sind Atommülltransporte per Bahn, von denen NRW besonders betroffen war und ist.«

»Was war es denn eigentlich für ein Gefühl, diese **Jahrtausendwende** zu erleben?«, wollte Nora jetzt wissen. »Das muss doch toll gewesen sein.«

»Ja, stimmt«, bestätigte Mama. »Es war schon etwas Besonderes, die Jahreswende zum 1. 1. 2000! Auch deswegen, weil viele Menschen glaubten, dass es einen **Zusammenbruch** aller Computersysteme geben würde und sämtliche Kassensysteme, Elektrizitätswerke, Ampeln und was auch immer mit Computern arbeitet, nicht mehr funktionieren würden.«

2000

»Und?«, fragte Robin atemlos. »War es so?«

»Nein«, antwortete Mama amüsiert. »Alles ist einfach ganz normal weitergegangen.«

»Den ersten **Schock** des neuen Jahrtausends brachte etwas ganz anderes«, erzählte Papa jetzt weiter. »Die Veröffentlichung der **PISA-Studie**. Zum ersten Mal wurden die Leistungen von Schülern in Mathematik, Lesen und den Naturwissenschaften international verglichen — und die **Industrienation** Deutschland landete auf den hinteren Rängen. Das war ganz schön peinlich für das sogenannte Volk der Dichter und Denker.«

»Im Jahr darauf wurden dann deutschlandweit alle Schülerinnen und Schüler der 9. Klasse getestet«, fuhr Mama fort. »Und bei dieser Untersuchung lag NRW gerade im **Mittelfeld**.«

»Na und?«, meinte Robin. »Ist doch egal. Hauptsache, es reicht!«

»Nein, nein, lieber Robin, so einfach ist die Sache nicht«, antwortete Opa Api lachend. »Ich weiß, dass das Lernen nicht immer Spaß macht. Ich selbst war auch kein Musterschüler. Man muss es aber mal so sehen: NRW ist das bevölkerungsreichste Land der Bundesrepublik. Es hat folglich die meisten Schulabgänger. Wenn deren **Leistungen** insgesamt nur mittelmäßig sind, wirkt sich das über kurz oder lang auf die Wirtschaft und die wissenschaftlichen **Fähigkeiten** in dem Bundesland und auch der gesamten Republik aus.«

»Das heißt also, wir müssen uns mehr anstrengen?«, fragte Robin zerknirscht.

»Ja. Leider«, bestätigte Opa Api und fuhr seinem Enkel tröstend durch den Haarschopf. »Aber du wirst sehen — am Ende macht es sogar Spaß, wenn man gut ist!«

Tante Petra lächelte Enkel und Großvater an. »Immerhin hatten wir ja im Jahr 2002 genügend Gelegenheit, eifrig zu rechnen. Als die **Währung** in Deutschland von D-Mark auf Euro umgestellt wurde.«

»Ach, dieser **Euro**!«, rief Uropa Hans aus. »Ich habe mich bis heute nicht daran gewöhnen können. Ich sage immer noch ›Mark‹.«

»Mir ist der Abschied von der **D-Mark** auch schwer gefallen«, stimmte Uroma Kitty zu. »Als sie 1948 als neue Währung in der Bundesrepublik eingeführt wurde, ging es mit unserem Land doch so schlagartig aufwärts. Darum hänge ich noch immer an ihr.«

»Ich habe auch noch irgendwo ein paar alte Münzen und Scheine«, erklärte Tante Cilly. »Zur Erinnerung.«

»Es gibt wohl eine Reihe Leute, die sich gern an die D-Mark erinnern«, meinte Mama. »Soviel ich weiß, sind noch immer knapp 13 Milliarden D-Mark im Umlauf.«

»Die Leute müssen ganz schön große Sparschweine haben«, meinte Onkel Konrad. »Denn auf **Bankkonten** liegt das Geld nicht. Es ruht tatsächlich als Münzen und Scheine in **Tresoren** und möglicherweise auch unter Matratzen.«

Cousin Max schüttelte nur den Kopf. »Ich habe die D-Mark zwar irgendwie noch erlebt, aber in dem Moment, wo ich zum ersten Mal selbst ein Eis am Büdchen kaufen durfte, wurde schon in Euro bezahlt.«

Robin und Nora sahen sich an. Sie kannten nur den Euro als Zahlungsmittel. Die D-Mark war ihnen als Währung so fremd wie der amerikanische **Dollar** zum Beispiel.

»Zum Thema Zahlungsmittel: Es gibt übrigens einen Vorfall aus jener Zeit, den man damals komplett falsch eingeschätzt hat«, begann Papa nun nachdenklich. »Man dachte, es gehe um Geld — egal übrigens, ob D-Mark oder Euro oder was für eine Währung auch immer. Heute weiß man, dass es sich um ein politisch motiviertes schweres **Verbrechen** handelte. Mehr noch, um einen terroristischen **Anschlag**.«

Mama sah Papa fest an. Auf ihrer Stirn zeigte sich eine besorgte Falte. »Du meinst den Anschlag in der Kölner Keupstraße im Jahr 2004.«

»Ja.« Papa nickte. »Genau den meine ich.«

Nora und Robin horchten auf. Den Namen **Keupstraße** hatten sie schon einmal gehört. In den Fernsehnachrichten. Das war noch gar nicht so lange her.

»Die Keupstraße ist eine Straße in Köln-Mülheim, wo es hauptsächlich türkische Geschäfte gibt«, erklärte Papa. »Im Jahr 2004 explodierte dort eine Nagelbombe. Hunderte lange Nägel flogen durch die Luft. Glücklicherweise gab es keine Toten — aber zweiundzwanzig **Verletzte** und hohe **Sachschäden**. Damals ging die Polizei davon aus, dass dieser Anschlag auf einen Streit unter türkischen Geschäftsleuten zurückzuführen sei.«

»Und erst sieben Jahre später, im Jahr 2011, kam man darauf, dass dieses **Attentat** ein terroristischer Anschlag war, der sich gezielt gegen **Ausländer** richtete«, ergänzte Mama.

Einen Moment lang herrschte betretene Stille.

Gerhard Schröder

»Aber man hat die Attentäter doch gefunden, nicht wahr?«, fragte Nora schließlich leise.

»Ja, man hat sie gefunden«, bestätigte Papa. »Und es hat sich herausgestellt, dass diese Gruppe weitere fremdenfeindliche Anschläge in ganz Deutschland verübt hatte.«

Wieder trat trauriges Schweigen ein.

»Mich tröstet in dieser Angelegenheit nur eins«, meldete sich irgendwann Tante Cilly zu Wort. »Dass wir in einem **Rechtsstaat** leben und alle Täter und Terroristen schließlich doch für ihre Verbrechen zur **Rechenschaft** gezogen werden.«

»Ja, und zwar im Grunde von der Gesellschaft selbst«, pflichtete Mama bei. »Denn wir leben in Deutschland in einer **Demokratie**. Das Volk wählt die Menschen, die die Politik und die Gesetze machen. Auf diesem Wege bestimmt das Volk die Politik und die Gesetze des Landes durch die **Wahlen** immer selbst mit.«

»Richtig«, warf Opa Api ein. »Und für mich sind Wahlen so ungefähr das Spannendste, was es gibt. Es sind sozusagen die **Zeugnistage** für unsere Politiker. Wer die Amtsperiode über geschlafen oder den Willen der Bürger nicht berücksichtigt hat, bekommt dafür die Quittung in Form von weniger Stimmen.«

»Was ja für die Parteien manchmal ganz schön überraschend sein kann«, ergänzte Papa. »**Landtagswahlen** in NRW gelten ja immer als ein wichtiger **Trendanzeiger** für die Bundestagswahlen. Und im Jahr 2005 passierte da bei uns tatsächlich etwas, was sich kurz darauf bei den Wahlen für den Bundestag wiederholen sollte: Bis zu diesem Moment hatte in Nordrhein-Westfalen 39 Jahre lang die SPD regiert und den Ministerpräsidenten gestellt. Bei dieser Wahl aber wendete sich das Blatt: Die CDU bekam die meisten Stimmen und einer ihrer Politiker wurde Ministerpräsident. Daraufhin war sich die Bundestags-SPD nicht mehr sicher, ob in der gesamten Bundesrepublik noch genügend Menschen hinter ihrer Politik standen, und es kam zu Neuwahlen. Tatsächlich bekam auch bei diesen Bundestagswahlen die CDU mehr Stimmen als die SPD. **Angela Merkel** wurde **Kanzlerin**. Bislang ist ihre Amtszeit die drittlängste seit der Gründung der Bundesrepublik.« Cousin Max kratzte sich gedankenvoll an der Schläfe. »Vor Angela Merkel war **Gerhard Schröder** Bundeskanzler, oder? Ich kann mich kaum an ihn erinnern«, gab er zu. »Aber eins weiß ich noch aus dem Sachunterricht an der Grundschule: Dass er aus dem Lipper-land kam, in Bad Salzuflen zur Volksschule ging — so hieß das damals noch — und später in Bielefeld Abitur gemacht hat. Man kann also sagen: Ein waschechter **Westfale**.«

Angela Merkel

Tante Petra sah Max ein wenig spöttisch, aber irgendwie doch ein bisschen stolz an. »Ich habe gar nicht gewusst, dass mein Sohn in der Schule so viel gelernt hat«, zog sie ihn auf.

»Doch, klar«, antwortete Max grinsend. »Und das, obwohl ich ein Jahr kürzer zur **Schule** gegangen bin als Millionen von Schülern in den Jahren zuvor. Die Zauberformel dafür hieß **G8**.«

Moderne Zeiten
oder:
So schließt sich der Kreis

»**G8**«, wiederholte Opa Api versonnen und sah seinen Bruder Konrad an. »Das kenne ich auch noch aus der Schulzeit.«

»Was? Wie das denn?«, platzte Nora heraus. »Ich denke, die verkürzte Schulzeit gibt es erst seit Kurzem?«

»Du hast recht, Nora. Aber Api und ich haben früher in der Schule unter dem Tisch manchmal Schiffe versenken gespielt«, antwortete Onkel Konrad. »Dabei wurden die Felder mit Buchstaben und Zahlen benannt. Damals hat sich übrigens kein Mensch Gedanken darüber gemacht, dass das eigentlich ein Kriegsspiel ist …«

»Keine Sorge«, sagte **Cousin Max** beruhigend. »In meiner Schulzeit ging es bei G8 weder um Militärisches noch um ein Spiel, sondern tatsächlich um das sogenannte **Turbo-Abi**. Ich gehörte zum ersten Jahrgang in NRW, der nicht mehr nach neun Jahren auf dem Gymnasium Abitur machte, sondern schon nach acht.«

»Das heißt, du hast nicht nur mit Volldampf die Schule abgeschlossen, sondern warst auch noch im sogenannten **Doppeljahrgang**«, warf Papa ein.

»Eure Jahrgangsstufe hat gleichzeitig mit der Jahrgangsstufe darüber Abitur gemacht. Das muss in diesem Jahr ein unglaublicher organisatorischer Aufwand gewesen sein! Bei doppelt so vielen Schulabgängern an den Gymnasien.«

»Ja, ich erinnere mich an das Stöhnen der Lehrer«, antwortete Max mit einem Grinsen. »Andererseits war erst kurz zuvor wieder ein **Zentralabitur** in NRW eingeführt worden. Das heißt, die Lehrer mussten die Themen nicht mehr selbst auswählen und beim **Ministerium** einreichen, sondern die Aufgaben wurden von dort aus gestellt und damit für alle Schulen im Land gleich — so machte man es in anderen Bundesländern schon lange.«

»Warum ist die **Schulzeit** an Gymnasien denn überhaupt verkürzt worden?«, wollte Nora jetzt wissen. »Das hatte damit zu tun, dass man das Alter der Schulabgänger vereinheitlichen wollte«, antwortete Max. »In einigen der sogenannten neuen Bundesländer, den Teilen Deutschlands also, die früher zur DDR gehört hatten, machte man das Abitur bereits nach zwölf Schuljahren. Und auch in vielen anderen europäischen Ländern können die Schülerinnen und Schüler das Abitur oder einen ähnlichen Schulabschluss nach zwölf Jahren machen.«

»Eine Besonderheit in Deutschland ist, dass das **Schulsystem** nicht in der ganzen Republik einheitlich geregelt ist, sondern dass es von Bundesland zu Bundesland verschieden ist«, erklärte Mama. »Es gibt daher auch heute noch **Bundesländer**, in denen man nach neun Jahren Abitur machen kann. Nordrhein-Westfalen hat sich aber für G8 entschieden, vorerst zumindest. Es gibt allerdings trotzdem auch in NRW einige Gymnasien, die das Abitur nach neun Jahren anbieten.«

»Klingt nach einem ziemlichen Kuddelmuddel«, stellte Nora fest. »Wenn wir unsere Hausaufgaben so chaotisch machen würden ...« Sie grinste ihrem Bruder zu.

95

»Allerdings«, bestätigte Robin und setzte eine betont strenge Miene auf.

»Ganz ehrlich«, fuhr Max nun fort. »Ich habe mir damals keine Gedanken um acht oder neun Jahre bis zum Abitur gemacht. Ich habe vor allem auf den Sommer **2006** hingefiebert. Denn da wurde die **Fußball-WM** in Deutschland ausgetragen.«

»Oh ja!« Tante Cilly wäre vor Begeisterung fast aufgesprungen. »Daran kann ich mich auch noch erinnern. Vor allem an Gerald Asamoah. Er spielte damals bei Schalke 04 und gehörte schon seit 2002 zur Nationalelf. Ein Schalker war also der erste deutsche **Nationalspieler** mit afrikanischen Wurzeln!« Und plötzlich begann sie zu singen: »Blau und weiß, wie lieb ich dich ...«

»Cilly!«, stieß Uropa Hans aus. »Du bist Schalke-Fan?«

»Na ja«, gab Tante Cilly zu und wurde fast ein bisschen rot. »Der 1. FC Köln scheidet für mich als Düsseldorferin ja aus.«

»Der **FC Schalke 04** ist übrigens einer der weltweit seltenen Fußballclubs, bei denen ein Papst Mitglied war«, bemerkte Onkel Konrad amüsiert.

»Was?«, fragte Robin. »Das kann ich mir gar nicht vorstellen. Du willst uns wohl auf den Arm nehmen?!«

»Nein«, antwortete Onkel Konrad. »Es stimmt. **Papst Johannes Paul II.** wurde nach seinem Besuch im damaligen Parkstadion im Jahr 1987 **Ehrenmitglied** des Vereins.«

»Man hat ihn allerdings nie dort spielen sehen«, ergänzte Opa Api grinsend.

»Gelsenkirchen, die Stadt zu der der Fußballverein Schalke 04 gehört, ist übrigens auch eine Stadt, die nach dem Zechensterben den **Struk-turwandel** in Angriff nehmen musste und auf Bildung setzte — unter anderem durch eine

›Fußball-Talentschmiede‹«, meldete sich Tante Petra zu Wort. »Aber jetzt rückt das Jahr **2018** schon bald in greifbare Nähe, und ich bin gespannt, wie sich das Gesicht des Ruhrgebiets danach wandeln wird.«

Nora sah ihre Tante verständnislos an. »Was meinst du damit: Das Jahr 2018 rückt bald in greifbare Nähe? Und das Gesicht des Ruhrgebiets wird sich endgültig wandeln? Was hat das zu bedeuten?«

»Es bedeutet, dass wir uns einem wirklich epochalen Einschnitt für unser Bundesland NRW nähern«, antwortete Cousin Max. »Im Jahr 2007 haben die Bundesregierung und die Länder Nordrhein-Westfalen und Saarland den sogenannten **Kohlekompromiss** ausgehandelt. Er besagt, dass die Steinkohleförderung in NRW nach dem Jahr 2018 enden wird. Schon jetzt sind ja einige ehemalige **Zechengebäude** nur noch **Industriedenkmale**. Das Hochofenwerk Phönix-West in Dortmund-Hörde zum Beispiel und die ehemalige Hermannshütte im Osten von Hörde, wo Uropa Hans gearbeitet hat — die sind heute stillgelegt. Bei Phönix-Ost, also auf dem Gelände der ehemaligen Hermannshütte ist vor ein paar Jahren ein See angelegt worden. Ich bin gespannt, was mit den Zechen und Stahlwerken geschieht, die derzeit noch in Betrieb sind.«

»Ich weiß nicht«, wandte Uropa Hans an dieser Stelle mit einem leichten Kopfschütteln ein. »Ihr sagt das alles so leicht dahin. Für uns Alte ist doch das **Ruhrgebiet** mit seinem früheren Gesicht, und wenn es auch kohlenschwarz war, die **Heimat**. Und es tut verdammt weh, zu sehen, dass all die Zechen und Hochofenanlagen, in denen wir gearbeitet haben, jetzt im wahrsten Sinn des Wortes nur noch zum alten Eisen gehören.«

Onkel Konrad, der neben Uropa Hans saß, sah seinen Vater einen Augenblick lang aufmerksam an. Dann legte er sanft seine Hand auf den Arm des alten Mannes. »Du hast recht, Vater. Es tut immer weh, **Bekanntes** loslassen zu müssen. Aber es ist der Lauf der Welt, dass die jungen Generationen **Neues** schaffen. Was wir aber tun können, ist von dem, was früher war, was ihr geschaffen habt und worauf ihr stolz seid, zu berichten. Und stell dir vor: Eines Tages werden Nora und Robin ihren Urenkeln und Urenkelinnen ebenso davon erzählen wie wir heute. Und sie werden von dir erzählen, und dass du selbst ihnen noch geschildert hast, wie du mitgeholfen hast, dieses Land mit **Kohle** und mit **Stahl** aufzubauen.«

Jetzt war es Robin, dem plötzlich Tränen in die Augen geschossen waren. Zum ersten Mal war ihm klar geworden, wie wichtig die Arbeit für einen Menschen sein kann. Wie stolz sie macht — und wie schlimm es ist, wenn man als **Arbeitskraft** in der **Gesellschaft** einfach nicht mehr gebraucht wird. Er musste heftig schlucken. »Und was ist mit der Braunkohle?«, fragte er dann. »Und mit den Menschen, die ihre Dörfer dafür verlassen sollten?«

»So wie es zurzeit aussieht, soll die Braunkohle schon noch weiter abgebaut werden, länger sogar als bis 2030«, sagte Onkel Konrad. »Einer der ganz großen Tagebaue aber wird weniger groß, als ursprünglich geplant. Einige Orte bleiben dadurch erhalten. Die Menschen dort müssen also nicht wegziehen.«

»Puh«, machte Nora und lehnte sich auf ihrem Stuhl zurück. »Gott sei Dank!«

Opa Api wiegte nachdenklich den Kopf. »Andererseits müssen wir uns überlegen, wie es in **Zukunft** weitergehen soll. Die Kohle fällt weitgehend weg, und ein weiteres wichtiges **Standbein**, von dem NRW lange Zeit profitiert hat, die Autoindustrie, hat sich ebenfalls ein Stück weit zurückgezogen. Das Opelwerk in Bochum schloss Ende des Jahres 2014. Über 3000 Arbeitsplätze sind dort verloren gegangen.«

»Aber es entsteht doch auch immer wieder etwas Neues«, meinte Max. »Neue **Technologien** schaffen neue Arbeitsplätze.«

»Schon«, gab Opa Api zu. »Aber manchmal auch nur für kurze Zeit. In Bochum, Bocholt und Kamp-Lintfort wurden eine Weile Handys hergestellt — bis die **Produktionen** vor ein paar Jahren ins **Ausland** verlagert wurden, weil die Herstellung dort billiger ist. Auf diese Weise verloren wieder Tausende Menschen ihren Job.«

»Stürmische Zeiten«, meinte Oma Traudel nachdenklich. »Fast könnte man denken, Kyrill habe sie eingeläutet.«

»Kyrill?«, fragte Nora. »Wer ist denn **Kyrill**?«

»Kyrill war ein Orkan, der im Januar 2007 über NRW fegte und das Land weitgehend lahmlegte«, antwortete Tante Petra. »Dachziegel flogen umher, Bäume knickten um wie Streichhölzer und Strommasten ebenfalls. Vor allem für das **Sauerland** war es schlimm: Kyrill verwüstete dort mehr Wald als je ein Sturm zuvor, die Hälfte des Gesamtschadens von Deutschland lag in NRW. Das war ein enormer wirtschaftlicher Verlust. Noch im Jahr darauf war man in den Wäldern mit Aufräumarbeiten beschäftigt.«

RATHAUS Münster

„Oh, und nicht nur in den Wäldern!", schaltete sich Uroma Kitty nun auch endlich einmal wieder ein. „Auch in unserem Garten hatte der Sturm seine Spuren hinterlassen und unseren alten **Apfelbaum** umgeknickt. Das tat mir natürlich sehr leid. Aber dafür bekam ich im Jahr darauf an seiner Stelle nun endlich mein Dahlienbeet." Und ihre Augen leuchteten in Erinnerung an ihren schönen **Garten**.

»Ich kann mich erinnern, dass wir an dem Tag, für den der Sturm angekündigt war, nach der vierten Stunde frei bekamen«, erzählte Max. »Und am nächsten Tag fiel zumindest an unserer Schule der **Unterricht** auch noch aus, weil die Straßen erst einmal wieder geräumt werden mussten, bevor wieder Autos über die Landstraßen und in den Städten Busse und Bahnen fahren konnten.«

»Das muss ja unglaublich gewesen sein«, meinte Robin. »Aber ist solch ein Sturm nicht wirklich doch ein Zeichen für den globalen **Klimawandel**?«

»Soviel ich weiß, ist das nicht ganz einfach festzustellen«, antwortete Tante Petra. »Dass ein Klimawandel stattfindet, wissen wir. Ob Kyrill oder auch andere Unwetter wie das sogenannte Münsterländer Schneechaos nur herausragende **Wetterphänomene** sind, oder ob sie tatsächlich Vorboten oder schon ein Teil dieses Wandels sind, werden die Wissenschaftler erst in einigen Jahren sagen können. Erinnert ihr euch an den 1. Advent 2005?«, fragte sie in die Runde.

»Damals knickten ebenfalls durch einen Sturm und unter einer riesigen Menge von schwerem, nassen Schnee Strommasten um. Im **Münsterland** hatten eine ganze Reihe Dörfer tagelang keinen **Strom** mehr. Es war katastrophal!«

Max sah nachdenklich vor sich hin. »Tagelang keinen Strom zu haben, ist sicher nicht schön. Wenn ich aber über den Begriff ›Katastrophe‹ nachdenke, fällt mir noch ein anderes trauriges Ereignis ein: die

Loveparade 2010 in **Duisburg**, bei der auch ich zusammen mit meinem Freund Marc und dessen Vater war. Wir waren damals ja erst 14. Im Auto fuhren wir von Wesel dorthin. Es war gigantisch! Lauter gutgelaunte Leute, die auf der Straße tanzten! Höllenlaut war es natürlich auch. Dabei aber absolut friedlich. Ich fand es total toll, dass die Loveparade so nah bei uns im Ruhrgebiet stattfand — und nicht mehr wie früher in Berlin.«

»Ja, eigentlich war die Loveparade damals eines der **Aushängeschilder** für die ›Metropole Ruhr‹ als **Kulturhauptstadt** Europas 2010«, stimmte Oma Traudel zu. »Es gab in diesem Jahr ja eine Reihe interessanter künstlerischer Projekte. Zum Beispiel über 400 Ballons, die über ehemaligen Bergbauschächten im ganzen Ruhrgebiet schwebten. Da sah man noch einmal, wie sehr das Ruhrgebiet ursprünglich von den Zechen geprägt war. Die **Jugendkultur** sollte in der Loveparade in Duisburg gipfeln.«

»... die aber dann leider schrecklich endete«, ergänzte Max. »Durch eine **Massenpanik**, bei der es Tote und Verletzte gab.«

»Ja, das war eine schlimme Geschichte«, meinte Tante Petra leise. »Das ganze Land war sehr betroffen und traurig.«

»Und ihr?« Robin war ganz atemlos. »Ist euch nichts passiert, dir, deinem Freund und seinem Vater, meine ich?«

Max schüttelte den Kopf. »Nein. Wir befanden uns an einer ganz anderen Stelle auf dem Festgelände.«

»Damals hatten wir gerade eine neue **Minister-präsidentin**«, berichtete Onkel Konrad. »Im Mai 2010 hatte es durch die **Landtagswahlen** erneut einen **Regierungswechsel** gegeben.

Nun stellte die SPD wieder die Regierung in NRW — mit Unterstützung der Grünen. Auf diese Weise gehörten das Unglück und die folgende Trauerfeier, an der auch die Bundeskanzlerin, der Bundestagspräsident und der Bundespräsident teilnahmen, zu den ersten traurigen Ereignissen und Pflichten in Hannelore Krafts Amtszeit als **Ministerpräsidentin**.«

»Aber gibt es die Loveparade denn heute noch?«, fragte Nora bedrückt nach.

Max schüttelte den Kopf. »Nein, es hat nach dem Unglück in Duisburg nie wieder eine Loveparade gegeben.«

»Ich weiß nicht.« Uropa Hans schüttelte wieder mal den Kopf. »Wie die **Jugend** heutzutage ihre **Freizeit** gestaltet, das ist mir vollkommen fremd. Es ist so anders als zu unserer Zeit. Mich wundert, dass das Ding da heute den ganzen Tag noch nicht gepiept hat«, er zeigte auf Max' **Smartphone**, das vor ihm auf dem Tisch lag.

»Ich habe den Ton ausgeschaltet«, erklärte Max. »Und zwar ganz bewusst: Ich wollte diesen Tag mit euch verbringen, mit meiner Familie. Für meine Freunde habe ich später wieder Zeit.«

»Genau das ist etwas, das viele Leute nicht mehr hinkriegen«, warf Onkel Konrad ein. »Das Ding einfach mal abzuschalten und sich nicht davon beherrschen zu lassen.«

»Auch viele Kinder verbringen schon Stunden am Tag damit, Nachrichten von ihren Freunde zu lesen oder an sie zu schreiben«, bemerkte Tante Petra. »Darüber vergessen sie, dass es viel mehr Spaß macht, seine Freunde direkt zu treffen und mit ihnen zu reden.«

»Für uns ist es aber wichtig, in sozialen **Netzwerken** zu sein«, widersprach Nora. »Wer nicht mitmacht, kann nicht mitreden oder wird sogar gemobbt.«

Jetzt beugte Tante Cilly sich vor und legte Nora eine Hand auf den Arm. »Weißt du was, Nora? Dagegen kann man nur eins tun: Etwas plötzlich ganz anders machen als die anderen und das

Hannelore Kraft

102

zum neuesten **Trend** erklären. Zum Beispiel einfach nicht mehr per Smartphone antworten. Und dabei selbstbewusst sein. Glaub mir, dann werfen bald alle ihre Dinger weg. So wird **Mode** gemacht.« Und verschwörerisch lächelnd lehnte sie sich wieder zurück.

Max lächelte seiner Urgroßtante zu. »Die Zeit, in der wir leben, ist sicher eine andere Zeit als eure«, sagte er dann zu allen. »Natürlich findet ihr ein paar Dinge nicht gut, die für uns ganz normal sind. So war es bei euch ja auch: Eure Eltern haben über eure Moden und eure Trends genauso den Kopf geschüttelt. Und eure sozialen Netzwerke hattet ihr ja auch – und wenn es eine **Teestube** war.« Jetzt lächelte er seine Mutter an. »Andere Dinge, von denen ihr erzählt habt, sind dagegen für mich ganz fremd und ›von gestern‹ – und für Robin und Nora sowieso. Zum Beispiel, dass Deutschland ein geteiltes Land war. Ich gehöre zur ersten Generation, die das nicht mehr erlebt hat. Für mich ist es normal, von West nach Ost und in ganz **Berlin** herumzufahren, wie es mir gefällt.«

»Ein geteiltes Land«, wiederholte Opa Api, »das nun schon seit mehr als **25 Jahren** wieder vereint ist. Eine silberne Hochzeit also. Die wurde ja auch groß gefeiert, im Oktober 2015.«

»Ja, und während gefeiert wurde, sah man gleichzeitig, dass die Bundesrepublik und die einzelnen Bundesländer wieder einer neuen Herausforderung ins Auge blicken mussten«, ergänzte Mama. »Der Aufnahme von unglaublich vielen **Flüchtlingen** aus Afrika, vom Balkan und aus Ländern, in denen **Bürgerkriege** und islamistischer **Terror** herrschen.«

»Ja, so wie damals vor 70 Jahren das junge Land NRW Flüchtlinge aufnahm und ihnen über die Jahre hinweg zur Heimat wurde«, ergänzte Uroma Kitty. »So schließt sich der Kreis.«

»Tja«, meinte Oma Traudel, nachdem einen kurzen Moment nachdenkliches Schweigen geherrscht hatte. »Jetzt haben wir uns an diesem Tag glatt 70 Jahre Geschichte erzählt. 70 Jahre Geschichte unseres Landes NRW — und damit 70 Jahre **Geschichte** und **Geschichten** von uns selbst.«

»70 Jahre«, Uropa Hans nickte bestätigend. Und im nächsten Moment schüttelte er wieder fassungslos den Kopf. »Es kommt mir vor wie ein Augenblick.«

»Nun lasst uns mit unserem letzten Schluck Kaffee noch einmal anstoßen«, schlug Onkel Konrad vor und erhob seine Tasse. »Auf alle **Jubiläen**, von denen heute die Rede war. Silberne Hochzeiten, goldene Hochzeiten …«

»70 Jahre NRW!«, rief Uropa Hans aufgekratzt und hob seine Tasse höher als alle anderen.

»70 Jahre Liebeshochzeit«, sagte Tante Cilly und in ihre Augen schimmerte es ein klein wenig feucht. »70 Jahre Hans und Kitty!«

PLING!

Von Aplerbeck ins ganze Land
oder:
Kleine Rädchen und große Räder

»Hopp!«

Wesentlich schwerfälliger als am Vormittag nahm Willi seinen Platz im Laderaum des Wagens ein. Dort legte er sich sofort wieder auf die Seite und schloss die Augen.

»Nie wieder Kuchen, denkt er gerade«, meinte Papa.

Zugegeben, weder Nora noch Robin, weder Mama noch Papa und auch nicht Tante Cilly hatten sich hungrig von den anderen verabschiedet. Aber das gehörte zu einem Familienfest nun mal dazu. Nun winkten sie noch einmal kurz zu dem Balkon hinauf, auf dem Uropa Hans und Uroma Kitty standen, während die Familie begann, sich wieder in alle Richtungen des Landes zu verteilen.

»Wow!«, machte Robin, während Papa das Auto vom Parkplatz lenkte. »Ich glaube, das war das spannendste **Familienfest**, das ich je erlebt habe.«

»Ja, wirklich«, bestätigte Nora, und ihre Stimme klang begeistert und gleichzeitig doch auch nachdenklich. »Ich habe zum ersten Mal mitbekommen, dass **Geschichte** nicht etwas ist, das unabhängig von den Menschen abläuft, sondern dass sie ein Teil unseres **Lebens** ist. Und dass jeder Mensch das, was man irgendwann einmal ›Geschichte‹ nennt, in den einzelnen Momenten seines Lebens sogar selbst mitgestaltet.«

»Und was war mit euren **Lieblingsthemen**?«, erkundigte sich Mama. »Sind die nicht vielleicht ein bisschen zu kurz gekommen?«

Nora und Robin schüttelten energisch die Köpfe.

»Nee«, meinte Robin. »Im Gegenteil. Darüber wurde sogar viel gesprochen. Es ist ja auch klar, dass **Ökologie** gerade in dem alten Industrieland NRW schon lange ein Thema ist«, stellte er fachmännisch fest.

»Und mir ist klar geworden, dass auch **Mode** und Trends keine modernen Erfindungen sind, sondern dass sie die Menschen immer schon begleitet haben, nicht wahr, Tante Cilly?«, fragte sie. »Jedenfalls in friedlichen Zeiten.«

Die Urgroßtante nickte. »Ja. Manchmal mag die **Mode** übertriebene Blüten treiben — aber eigentlich ist es ein gutes Zeichen, wenn die Leute Lust haben, auf ihr Äußeres zu achten. Es bedeutet, dass die Sorgen, die sie vielleicht haben, sie nicht erdrücken.«

Inzwischen war es dunkel geworden. Das Auto fuhr über die Autobahn Richtung Düsseldorf. »Und ich habe noch etwas mitbekommen«, begann Robin nun wieder. »Nämlich, dass **Geschichte** nicht nur aus einzelnen Momenten besteht, sondern dass sich manches über eine sehr lange **Zeit** entwickelt.«

»Richtig«, bestätigte Nora. »Viele Ereignisse, die schon lange vor unserer Geburt stattgefunden haben, oder auch Dinge, die man früher entschieden hat, werden noch ihre Auswirkungen haben, wenn wir schon Erwachsene sind. Zum Beispiel, dass unsere **Gesellschaft** immer multikultureller wird. Oder die Sache mit dem Braunkohleabbau. Der soll ja bis über das Jahr 2030 hinaus noch stattfinden. Stell dir mal vor: 2030! Da sind wir längst erwachsen und arbeiten wahrscheinlich schon!« Sie sah ihren Bruder überrascht an, und auch Robin machte ziemlich große Augen.

»Gerade am Thema Kohle sieht man aber auch, dass ein paar Dinge endgültig vorbei sind«, meinte er dann. »Dass das Ruhrgebiet noch einmal durch die Arbeit in den Zechen bestimmt wird, ist ausgeschlossen. Das ist aus und vorbei!«

»Und genauso werden wir wahrscheinlich beim **Umweltschutz** das, was wir erreicht haben, so einfach nicht mehr aufgeben«, pflichtete Nora bei. »Jedenfalls solange wir in Ruhe weiterleben können – und in **Frieden**, wie schon seit über 70 Jahren.«

Kilometer um Kilometer fuhr die Familie durch die dunkle Landschaft. Wie Sterne einer anderen **Galaxie** leuchteten die Lichter in den Häusern entlang der Autobahn.

Schließlich wurde es heller. Sie hatten Düsseldorf erreicht. Zahlreiche Laternen säumten die Straßen der Stadt. Tante Cilly klappte den Schminkspiegel der Beifahrerseite auf und zog sich mit Lippenstift die Lippen nach.

»Tante Cilly?«, fragte Papa überrascht. »Erwartet dich zu Hause etwa **Besuch**?«

»Oh ja«, antwortete Tante Cilly und kicherte leise. »Herrenbesuch sogar. **Herbert**. Mein lieber Ehemann. Sein **Foto** steht auf meinem Nachttisch. Auch wenn er schon so lange tot ist – in meinem Herzen lebt er immer weiter. Für ihn will ich schön sein – damals wie heute.«

Sie hielten vor Tante Cillys Tür, und die alte Dame stieg aus. »Auf Wiedersehen, meine Lieben«, verabschiedete sie sich, während sie schon, auf ihren Stock gestützt, auf der Straße stand. »Ich hoffe, ich sehe euch bald wieder. Dich auch, Willi!«, rief sie in Richtung Ladefläche, und Willi, der durch das Anhalten wach geworden war, bellte noch einmal freudig auf. »Bei der Gelegenheit reden wir auch noch mal über **Fridolin**! Ich werde mir immer sicherer, dass er dein **Vorfahre** ist!«

Dann fuhr das Auto wieder los. Nora und Robin drehten sich noch einmal um, winkten und sahen zu, wie ihre Urgroßtante mit zunehmender Entfernung kleiner und kleiner wurde.

»Es war schön mit ihr. Es war schön mit allen heute«, stellte Nora fest.

»Eigenartig«, meinte Robin. »Tante Cilly kommt mir vor wie ein winziges **Rädchen** in einer großen Maschine. In einer **Zeitmaschine**. Da wird sie von all den großen Walzen und Rädern einfach mitgedreht.«

Nora sah ihren Bruder an. »Aber auch die allerkleinsten Rädchen sind total wichtig in so einer Maschine«, sagte sie. »Denn ohne diese winzigen Rädchen würde die größte Maschine nicht laufen. Und überhaupt«, trumpfte sie auf. »Wer sagt denn, dass es nicht gerade dieses eine winzige Rädchen ist, das die **Geschichte** überhaupt antreibt?«

Weiter fuhr das Auto durch den Abend. Mittlerweile blinkten auch am Himmel zahlreiche Sterne und der Mond stand voll und rund über dem grauen Band der Autobahn. Nora und Robin hingen schon etwas schläfrig schweigend ihren Gedanken nach.

Sie alle, Uropa Hans und Uroma Kitty, Tante Cilly, Opa Api und Oma Traudel, Onkel Konrad, Tante Petra, Cousin Max, Mama und Papa und auch sie selbst, Nora und Robin, und vielleicht sogar auch Willi, waren kleine Rädchen im großen **Räderwerk** der Geschichte, das war ihnen heute klar geworden.

Gut tat es aber, zu wissen, dass jedes dieser Rädchen, jeder Mensch in seiner **Persönlichkeit**, einzigartig und bedeutend ist, es immer war und auf immer bleiben wird: gestern, heute und morgen.

Zum Weiterlesen:
Was macht das Pferd da auf der Fahne?
Das NRW-Kinder-Lexikon
Dorothee Haentjes-Holländer (Text)
Silke Schmidt (Illustration)
112 Seiten mit 170 farbigen Illustrationen
Format 22 x 22 cm, gebunden
ISBN 978-3-7743-0625-7

Impressum
© Greven Verlag Köln, 2016
Lektorat: Jutta Krautscheid, Köln
Gestaltung: Martina Zelle, Krefeld,
nach einer Idee von Silvia Cardinal, Köln
Lithografie: farbo prepress GmbH, Köln
Druck und Bindung: optimal media GmbH,
Röbel/Müritz
Alle Rechte vorbehalten.
ISBN 978-3-7743-0669-1
Detaillierte Informationen über alle unsere
Bücher findet Ihr unter:
www.Greven-Verlag.de